Annika Ziehen

Solotrip

VOM GLÜCK
DES ALLEINREISENS

Rowohlt Taschenbuch Verlag

Originalausgabe
Veröffentlicht im Rowohlt Taschenbuch Verlag,
Reinbek bei Hamburg, Juni 2017
Copyright © 2017 by Rowohlt Verlag GmbH,
Reinbek bei Hamburg
Bilder im Innenteil: Seite 11 © Julia Christian,
Seite 130 © Tam Nguyen, alle anderen © Annika Ziehen
Umschlaggestaltung ZERO Media GmbH, München
Umschlagabbildung privat
Satz aus der FoundryWilson (InDesign)
bei Dörlemann Satz, Lemförde
Druck und Bindung CPI books GmbH, Leck, Germany
ISBN 978 3 499 63259 4

Für meine Eltern, die mich sanft, aber bestimmt
aus dem Nest gestoßen haben;
meine Zuckerwatte-Freundin, die mich inspiriert hat,
meine «lustigen» Geschichten aufzuschreiben;
und für Alex, der mich liebevoll
THE GIRL WHO TRAVELS *nennt.*

Inhalt

Vorwort

Ich stehe an der Kreuzung von Lafayette und Broadway. Die Ampel ist rot, und es regnet. Noch nicht in Strömen, aber genug, um meine Sommergarderobe in ihre Schranken zu weisen, es ist halt erst Mai. Geld für die Subway habe ich keins mehr, meine letzten Dollarscheine sind für das Taxi zum Flughafen reserviert. Mein üppiges Frühstück habe ich mit der «Notfall»-Kreditkarte meines Vaters bezahlt und mir die Reste meines Obstsalats als Doggy Bag einpacken lassen. Besser ein kleines Mittagessen als gar keins.

Alles tropft, und während ich auf das Grün der Ampel warte, fällt mein Blick auf die braune Papiertüte, das Doggy Bag, das inzwischen ebenso trieft wie ich. «Mein Tütchen ist ja auch schon ganz nass», schießt es mir durch den Kopf, und ich starre auf das durchweichte, matschige Braun. Woher diese genaue Formulierung und das plötzliche Mitleid für das *Tütchen* kommen, weiß ich nicht. Aber wieso ich mich an diesen Satz auch heute noch erinnere, das weiß ich. Die Szene ist auch im Nachhinein noch grau und nass, aber sie ist mir trotzdem eine meiner liebsten Erinnerungen. Denn auch nass im Regen stehend wusste ich damals schon, dass sich so die ganz große Freiheit anfühlt.

*«When setting out on a journey, do not seek advice
from those who have never left home.»*
RUMI

Mit zwanzig habe ich meine erste Soloreise unter-
nommen. So spät erst? In dem Alter sind einige schon
allein über ganze Kontinente gejettet. Ich nicht, denn
von dem oft als heiliger Gral des Reisens gepriese-
nen Alleinreisen hatte ich bis dahin noch nie gehört.
Mein Leben wie die Reisen, die ich unternahm, waren ganz normal. Mit dreizehn schickten mich meine
Eltern nach Malta, wo ich mit meiner besten Freundin an der Verbesserung meiner Englischnote arbeiten sollte. Diese Arbeit haben wir auch sehr ernst genommen. So ernst man das halt nehmen kann, wenn
die Unterrichtsstunden neben dem Pool stattfinden
und man ein hormondurchströmtes Teenagermäd-
chen in einem Haus voller hormondurchströmter
Teenagerjungen ist. Wir schafften es beide, uns in die
einzigen zwei nur Italienisch sprechenden Jungs auf
der Insel zu verlieben.

Der hormondurchströmte Teenagerjunge musste
da bleiben, und ich kehrte mit einem ziemlich ge-
brochenen Herzen zurück. Wie ich das mit dem Eng-
lischsprechen und Notenverbessern hinbekommen
habe, weiß ich eigentlich nicht. Aber im Nachhinein
hat sich das Ganze als sehr nützlich erwiesen.

Diese Reise war etwas Besonderes, denn ansonsten
fuhr ich dreimal im Jahr mit meinen Eltern in unser
Haus an der holländischen Nordsee. Dort war es mein
Liebstes, stundenlang allein am Strand spazieren zu

gehen. Hätte ich schon als Kind eine Kontaktanzeige aufgeben wollen, wäre das Klischee «liebt lange Spaziergänge am Strand» zutreffend gewesen. Nur die Tatsache, dass das Alleinsein ein essenzieller Bestandteil dieser Spaziergänge war, die hätte ich verschwiegen. Ich wusste schon damals, dass allein sein zu wollen irgendwie als komisch vom Rest der Welt angesehen wird. Dass es für mich der ausschlaggebende Grund werden würde, zur Alleinreisenden zu mutieren, ahnte ich damals noch nicht.

Ich wusste nur, dass allein am Strand in die unendliche Weite zu laufen, der beste Teil jeder Reise nach Holland war. Einen Schritt vor den nächsten, Wind im Gesicht, Wasser und klebriger Sand an den

Füßen, der irgendwann auch seinen Weg auf und in meine Hosenbeine fand – mehr brauchte ich damals nicht, um glücklich zu sein. Kind sein war herrlich einfach, und vielleicht ist es die Erinnerung an diese Unkompliziertheit, die mich auch heute noch so am Alleinreisen reizt.

Dann war ich auf einmal mehr oder weniger erwachsen, und das wahre Leben sollte losgehen.

Nach dem Abitur landete ich erst mal in Hamburg, und hier war ich glücklich. Es war eine Zeit, als ich Erwachsensein noch toll fand. Hamburg war meine Stadt der unbegrenzten Möglichkeiten, der durchtanzten Nächte, der Gespräche von Sonnenuntergang bis Sonnenaufgang, der besten Dates mit den falschesten Männern und des trügerisch-schönen Gefühls, dass ich zwanzig und damit unbesiegbar war. Wer braucht einsame Strandspaziergänge, wenn einem vermeintlich die ganze Welt zu Füßen liegt?

Das Hoch hielt ein Jahr, dann spürte ich, wie leise eine Sehnsucht anklopfte. Eine Sehnsucht, die ich damals noch nicht als solche erkannte, die mich aber bis heute nicht wieder losgelassen hat. Eine Sehnsucht nach anders, nach mehr, nach weg. Ich konnte nur nachgeben und begab mich auf die Suche nach dem Anders, dem Mehr, dem Weg. Hamburg war keine Welt, die mir zu Füßen lag, Hamburg war eben doch nur eine Perle. Ich wollte Ozeane entdecken.

Das Ziel war schnell gefunden – ein Studium in New York sollte der nächste Schritt sein. Bevor es losging, waren aber noch ein paar Hürden zu überwinden, auch mir wurde das Alleinreisen nicht in den

Schoß gelegt. Mein Vater stand meinem Sologlück in weiter Ferne fest und breit im Weg. Seine *Kleene* in New York? Das passte ihm so gar nicht, auch wenn es zunächst einmal nur eine Woche sein sollte, um mir das College und die Stadt anzusehen. Nur eine Woche in New York, um mal echte, große Weite-Welt-Luft zu schnuppern. *If you can make it there ...* Mein Vater, der mir eigentlich mein Reiselustig-Gen vererbt hat, fand diesen Schritt einfach zu groß. Sein Kind allein in so einer riesigen, gefährlichen Stadt?! Meine Mutter sollte mich doch wenigstens begleiten. Aber dazu hatte die, ohne Reiselustig-Gen geboren, so gar keine Lust. Mein Vater selbst wollte auch nicht mit, und so stand mein Plan kurz vorm Scheitern. Ohne sein Einverständnis wollte ich nicht wirklich fahren, und ohne seine Kreditkarte konnte ich es auch nicht. In New York kann man ohne Kreditkarte noch nicht mal ein Hostelbett buchen. Genug Mumm, um einfach zu fliegen und mich mit Bargeld durchzuschlagen, hatte ich nicht. Allein zu reisen war mir schon genug Herausforderung, ich wollte es mir nicht unnötig schwer machen. Tage des Zweifelns, des Planungsstillstandes und vieler Tränen folgten. Dann lenkte mein Vater ein und besorgte mir eine Kreditkarte zu seinem Konto. Das Hotel musste ich bis auf den letzten Cent zurückbezahlen, seinen Segen bekam ich gratis dazu.

In New York angekommen, wohnte ich im, wie mir schien, schlimmsten Hotel der Stadt. Und ich hätte es gegen keinen Palast tauschen wollen! Meine kleine Welt war in diesem Kämmerchen auf einmal schlagartig größer geworden. Ich war eine Reisende, und das Alleinsein fühlte sich so weit und großartig an wie damals beim Strandspaziergang.

> «I'm restless. Things are calling me away.
> My hair is being pulled by the stars again.»
> ANAÏS NIN

Einer Woche in New York folgten insgesamt sechs fast schlaflose Jahre. Während meiner New Yorker Zeit bin ich nicht viel gereist. New York war meine Welt, in der ich alle anderen Welten entdecken konnte. Was hatte der Rest der Welt schon, was New York nicht hatte? Nichts Erwähnenswertes, zumindest nicht für mich. Ich wurde schneller zu einem New York liebenden Snob, als die Mäuse durch meine erste Wohnung im East Village flitzen konnten.

Eigentlich hätte ich es kommen sehen sollen, dass mir auch New York eines Tages nicht mehr genug sein würde. Das Reiselustig-Gen hatte zwar lange geschlummert, konnte aber auf Dauer nicht stillstehen.

Ich sah es nicht kommen, weshalb es mich besonders heftig traf, als es dann an einem warmen Abend in Brooklyn passierte. Ich saß rauchend auf meinem kleinen Balkon, und ein noch wärmerer Wind wehte mir ins Gesicht. Ein Wind, wie er im Film *Chocolat* beschrieben wird. Ein Wind, der lockend in die Ferne ruft und eigentlich unwiderstehlich ist. Ein Wind, den man am besten ignoriert, denn wie bescheuert kann man sein, eine gute Karriere, tolle Freunde und eine bezahlbare Wohnung mit hohen Decken in

Williamsburg aufgeben zu wollen? Und das nur, um einem Wind zu folgen? Ich war nicht bescheuert und steckte mir stattdessen eine weitere Zigarette an und ignorierte den Wind.

Die Tatsache, dass ich ein paar Monate später vier Wochen lang mehr oder weniger auf der Couch verbrachte und nichts tat, außer *Oprah* zu gucken, war schon schwerer zu ignorieren. Ich merkte, dass ich kurz vor einer Depression stand. Es war November, und jegliche warmen Winde waren weg, aber die Gedanken, die mir dieser eine eingeflößt hatte, konnte ich nicht mehr ignorieren. Zum Glück kam mir dann, wie so vielen anderen Menschen auch, Oprah zur Hilfe.

Südafrika. Da war es. Erst auf dem Bildschirm, dann in meinem Kopf. Ob es um Geparden oder eine Schule für unterprivilegierte Kinder ging, weiß ich nicht mehr. Mir war das auch egal, denn alles, was ich sah, war ein Himmel, der blauer als blau war. Wie damals, als ich mit sechzehn zum ersten Mal in Kapstadt bei meinen Verwandten gewesen war. Da musste ich wieder hin – unter diesem Himmel, der blauer als blau war, wollte ich leben.

Am nächsten Tag verließ ich die Couch und machte mich auf den Weg ins Internetcafé. Wie das wohl ging mit einem Visum für Südafrika zum Arbeiten und so? Während ich eifrig googelte, rief meine Mutter an. Sie hätte da ein bisschen über mich nachgedacht, wie Mütter das so tun, und hatte eine Idee. Warum ich denn nicht einfach mal für ein paar Monate nach Kapstadt gehen würde? Nur so, um mich umzugucken, denn ich war doch schon einmal da gewesen und hatte es sehr gemocht, oder? Der Wind hatte sich in einen großen Zufall verwandelt, und Oprah und meine Mutter hatten sich verbrüdert. Alle im Publikum bei Oprah bekamen einen Mixer, ich kriegte einen Schubs vom Sofa und ein Touristenvisum für drei Monate Südafrika obendrauf.

Ein halbes Jahr später erwartete mich meine Cousine Thekla am Flughafen von Kapstadt. Zwölf Jahre waren seit unserem letzten Treffen vergangen, aber trotzdem erkannten wir uns ohne Namensschild. Es fühlte sich an, wie nach Hause zu kommen.

Auch wenn das erst mal wie ein Paradox klingt, wurde mit diesem Nach-Hause-Kommen meine Reiselust erst so richtig geweckt. Zuerst lernte ich in Lesotho, auf der linken Straßenseite Auto zu fahren, nur um mich dann so richtig gut in und um Kapstadt verfahren zu können. Dabei entdeckte ich mehr oder weniger freiwillig die ganze Stadt. Dazu kamen Wochenenden in Stellenbosch, Montague, Knysna und Johannesburg und viel Faul-in-der-Sonne-Liegen auf den Seychellen. Hier schnorchelte ich auch zum ersten Mal. Es war eine graubewölkte Erfahrung, die mich trotzdem schon ahnen ließ, dass ich das mit dem Ozeane-Entdecken irgendwann wörtlich nehmen würde.

Auf La Réunion lief ich über nur fast erkaltete Lavaströme, trank zu viel Punch à la Maison und lernte, auch über unlustige Vulkanwitze zu lachen. In Sambia pflanzte ich Bäume und kuschelte mit einer Katze im Dunkeln an den Viktoriafällen. Das schrecklichste Silvester meines Lebens erlebte ich in Namibia und auch den besten Morgen danach, mit Krapfen im Mund und einem Gecko am Ohr.

Und dann, dann habe ich meine große Liebe getroffen. Marokko. In Marokko habe ich aufgehört, Länder zu zählen, und angefangen zu reisen. Länder sind unwichtig und genauso irrelevant wie Stempel im Pass. Viele sammeln sie und haben trotzdem nichts erlebt. Ich zähle nicht, ich mag mich lieber verlaufen und lerne gerne neue Wörter, die mir einen Knoten in die Zunge binden. Ich finde, Sonnenuntergänge sind eigentlich nie überbewertet, und das nervige Gebimmel von einer 7-Eleven-Tür ist ganz toll. Besonders die Tatsache, dass es den 7-Elevens auf der ganzen Welt eigen ist. Ich streichele überall kleine, struppige Katzen und füttere sie auch in richtig feinen Restaurants unter dem Tisch. Ich glaube an keinen Gott, aber Kirchenglocken, der Ruf zum Gebet und der Geruch von Räucherstäbchen erfüllen mich mit Dankbarkeit. Das Anders, das Mehr, das Weg ist für mich Alltag, Therapie und Teil von mir geworden.

Ich habe keine Bucket List mit Orten, die ich noch bereisen will. Nach meinem ersten Marokkoaufenthalt habe ich gemerkt, dass mir die Vorstellung, Marokko jetzt von einer imaginären Liste streichen zu sollen, das Herz brechen würde. Davon abgesehen, dass man eigentlich ein Land nie komplett kennen kann, wollte ich einfach immer und immer wieder hin, um mich mit jedem Mal ein bisschen mehr zu Hause zu fühlen.

Ich will nicht mit den Ländern prahlen, in denen ich schon war, oder von meinen Reiseplänen für das nächste Jahr schwärmen. Reisen ist unabhängig davon, wo man hinfährt. Reisen ist kein Ziel an sich, sondern eine Aktivität.

Als ich mit dem Schreiben anfing, hatte ich einen Blog, auf dem ich mehr oder weniger amüsant über Männer, Pasta und den Wunsch, eine Babygiraffe zu besitzen, erzählte. Dass die Leserschaft überwiegend aus wohlmeinenden Freunden bestand, die sich so auf meine Kosten über die jeweilige Affäre amüsierten, wundert mich im Nachhinein nicht. Aber während dieser Blog schnell in den Tiefen des Internets versank, fing ich irgendwann an, über meine Reisen zu schreiben. Anaïs Nin sagte: «We write to taste life twice.» Das trifft es. Ich musste ja die Zeit zwischen dem Reisen füllen, und durch das Schreiben erlebte ich irgendwie alles noch mal. Und ich reiste intensiver, wenn ich unterwegs war. Schließlich würde ich ja über das Erlebte schreiben wollen, also musste ich auch was erleben. Keiner mag es, wenn Blogger nur Fotos von ihren Füßen am Strand posten.

Auf dem Papier passt meine Art des Reisens wohl gut in die Kategorien Frauen- und Alleinreisen. Ich bin eine Frau und reise, oft auch allein, deswegen schreibe ich dieses Buch. Aber ich hasse es. Nicht das Schreiben, sondern solche Schubladen. Abenteuerreisen, Gruppenreisen, Familienreisen, Alienreisen. Kann ich denn nicht einfach nur mein kleines, reisendes Ich sein? Denn genau deswegen möchte ich übers Reisen schreiben. Weil ich gerne und viel reise und weil ich glaube, dass ich das gut kann. Wenn es Noten fürs Reisen gäbe, dann hätte ich bestimmt eine 2 plus. Im Tolle-Restaurants-Finden und Mir-nicht-den-Magen-Verderben auch eine 1. Im Kartenlesen wäre es wahrscheinlich eine 3, aber trotzdem, im Großen und Ganzen krieg ich das mit dem Reisen ganz gut hin. Gut genug, um darüber ein bisschen zu schreiben. Aber ja, wenn man so will, hatte ich irgendwann als Fachgebiet das Alleinreisen. Leistungskurs sozusagen. Gewählt habe ich das nicht, irgendwie hat es mich gefunden. Ich langweile mich selten mit mir selbst, fürchten tue ich mich auch nicht. Meistens nerve ich mich nicht und kann auch längere Zeit mit mir allein aushalten. Und wer es toll findet, allein in New York im Regen an einer Kreuzung zu stehen, der ist wohl zum Alleinreisen prädestiniert.

Und du? Du scheinst dich ja auch für das Alleinreisen zu interessieren, sonst wären wir jetzt nicht hier. Vielleicht warst du sogar schon allein unterwegs und hast Blut geleckt, vielleicht zögerst du aber auch noch. Manchmal nützen schlaue Slogans wie «Just do it!» eben einfach nichts. Darum schreibe ich dieses Buch. Um dich zu inspirieren, dir ganz praktische Tipps zu geben und dir zu den vielen vermeintlich guten Gründen, die dich noch davon abhalten, allein die Koffer zu packen, noch viel bessere Gegenargumente zu geben. Denn eins verspreche ich dir: Im Regen allein in New York zu stehen, kann so richtig glücklich machen. Und Alleinreisen sowieso.

Warum Alleinreisen so glücklich macht

«Don't be scared to walk alone.
Don't be scared to like it.»
JOHN MAYER

Das Glück des Alleinreisens – das hört sich für viele erst mal wie ein unüberwindbarer Gegensatz an. Dass das manchmal nötig ist oder letztendlich gut tut, okay, aber glücklich machen? Alleinsein hat in unserer Gesellschaft immer irgendwie einen negativen Beiklang. So, als ob etwas fehlt, als ob man ohne Partner, Freunde, Familie nicht vollständig ist. «Zusammen ist man weniger allein», «Geteiltes Leid ist halbes Leid», «Jeder Topf findet seinen Deckel». Diese Weisheiten kennen wir alle, und nicht selten machen wir sie uns mehr oder weniger freiwillig zum Lebensmotto. Egal, ob der Druck von außen kommt oder von uns selbst, für viele ist er ständig da – bist du allein, machst du was falsch; dein Leben ist nicht komplett, wenn du es solo beschreitest. Diese Gedanken nerven gewaltig, mehr als das Alleinsein selbst – vor allem, wenn es selbst gewählt ist.

Mit dem Alleinreisen verhält es sich ähnlich: Oft sind es eher die äußeren Umstände als die inneren, die einen zurückhalten. Das geht vielen so – von Solo-Veteranen bis zu denen, die zum ersten Mal allein ins Flugzeug steigen. Doch trotz aller Steine, die andere oder wir selbst uns in den Weg legen, wage ich zu behaupten: Nichts macht glücklicher als das Alleinreisen.

So, jetzt ist es raus. Wie jetzt, fragst du, nichts soll glücklicher machen als allein zu reisen? Jawohl! Oder zumindest sehr wenig. Ich behaupte, dass der Glücksfaktor vom Alleinreisen locker mit Hundebabys, ersten Küssen, Champagner und Pikachus-Fangen mithalten kann. Oder was auch immer dein Äquivalent zu Hundebabys und Pikachus ist.

So ganz überzeugt bist du noch nicht? Kein Problem, dafür bin ich ja da. Ich werde dir die besten Gründe nennen, warum du dich auf einen Solotrip begeben solltest, und dir zeigen, wie du selbst herausfindest, warum das Alleinreisen so verdammt glücklich macht.

Was will *ich* eigentlich?

You can't always get what you want – das ist kein neues Dilemma. Geld, Zeit, Ideen, Mut, gute Geister, irgendwas scheint immer zu fehlen, um uns das zu bescheren, was wir doch so gerne hätten. Das große Glück, das käme dann schon gratis mit dazu, wenn ich reicher, schöner, schlauer wäre. So reden wir es uns zumindest ein – und träumen weiter. Oft kommen wir gar nicht dazu, uns näher mit dem Was zu beschäftigen, da das Wie doch immer irgendwie im Weg steht.

Ich glaube, dass die meisten Menschen gar nicht

richtig wissen, was sie wollen. Wir träumen zwar alle von einer guten Fee und drei Wünschen, die wir frei haben, aber wenn dann eine käme, müssten die meisten erst mal ganz schön überlegen. Angeblich bekommen die, die immer Wünsche parat haben, sie auch ohne gute Fee erfüllt.

Alleinreisen bringt einen dazu, Wünsche zu formulieren. Sich mit der Frage zu beschäftigen: Was will ich eigentlich? Frei von den Vorstellungen anderer und von dem, was wir gelernt haben, wollen zu sollen. Wobei – eigentlich lernen wir von klein auf, dass wir sowieso nichts zu wollen haben, nichts zu fordern. Wir können etwas mögen, leise und artig um etwas bitten, aber wollen, das hat eine Frechheit an sich, die sich nicht gehört. Wenn meine Mutter heute noch davon spricht, dass sie mein starker Wille als Kind regelmäßig zur Verzweiflung getrieben hat, dann meint sie das nicht als Kompliment. Inzwischen denke ich allerdings, dass eben dieser starke Wille mich dahin gebracht hat, wo ich heute bin. Denn wo ein Wille ist, ist auch ein Weg.

Kein Buch hat sich mehr mit der Frage, wie man eigentlich herausfindet, was man will, und dem Thema Reisen beschäftigt als der moderne Klassiker *Eat Pray Love* von Elizabeth Gilbert. Darin erzählt die Autorin, wie sie nach einer gescheiterten Ehe die Reise ihres Lebens antritt und dabei sich selbst und ihr neues Glück findet. Es geht darum, Konventionen über Bord zu werfen, wenn sie einem nicht mehr dienlich sind, auch wenn es schwerfällt. In sich zu gehen und ganz genau auf das eigene Bauchgefühl zu hören: Was will ich? Diesem Was folgen, auch wenn es keiner versteht. Und der Erkenntnis, dass das eben nur allein geht. Sobald man mit anderen reist, ist immer irgendwann ein Kompromiss gefragt. Beim Alleinreisen muss man lernen, mit sich selbst kompromisslos Kompromisse einzugehen.

Das ist gar nicht so einfach, wie man denkt. Auch mir fällt das nach vielen Jahren des Alleinreisens noch oft schwer. Zu unterscheiden, ob ich etwas will oder ob ich glaube, etwas zu wollen. Das ist nicht nur eine Frage, die einem im täglichen Leben begegnet, sondern auch beim Reisen, eigentlich schon bei der Reiseplanung. Es gibt ja so Reiseziele, von denen es heißt, dass man sie unbedingt gesehen haben muss. Machu Picchu zum Sonnenaufgang, Kilimandscharo besser zum Sonnenuntergang. Sterben kann man erst, wenn man Paris gesehen hat; und wenn die erste Soloreise nicht nach Thailand geht, hat man sowieso im Leben etwas falsch gemacht.

Nein, ganz so einfach ist es nicht, herauszufinden, wie das so geht mit dem Wollen. Da kann man ganz schön viel falsch machen, das ist nichts für Leichtgewichte.

Gerade sitze ich in einem kleinen Airbnb-Bungalow in Ubud auf Bali und bin eigentlich ganz im Reinen mit mir. Ich will nirgendwo hin, nicht nach draußen und auch nicht an den Strand. Zum Glück, denn der nächste Strand ist circa eine Stunde mit dem Auto entfernt – und das auch nur, wenn gerade kein Verkehr herrscht, was auf Bali eigentlich nie der Fall ist. Und dennoch schleicht sich immer wieder die

Frage in meinen Hinterkopf, ob ich nicht etwas anderes wollen sollte. Ich bin zum ersten Mal auf Bali und zum ersten Mal in Ubud. Müsste ich nicht über Reisfelder wandern, Tempel besichtigen und im Monkey Forest mit kleinen Äffchen spielen wollen? Was ist nur los mit mir? Äffchen sind doch toll! Und wie soll ich denn nur meinen persönlichen Filipe (das ist die heiße Urlaubsliebe in *Eat Pray Love*) kennenlernen, wenn ich hier allein im Bungalow hocke?

Mir egal! Ich will hier sitzen und den viel zu lauten Fröschen lauschen, den Nachbarn und leider auch den vielen Mopeds, die vorbeifahren. Und wahrscheinlich werde ich heute Abend nur kurz über die Straße huschen, um im selben Warung, in dem ich schon Mittag gegessen habe, wieder das Gleiche zu bestellen. Weil es mir schmeckt und weil ich das heute so will.

Auch wenn dieses Abendprogramm unspektakulär erscheinen mag, ist es für mich berauschend. Ich mache etwas nur für mich, und das gibt mir zwar keinen Adrenalinkick, aber ein sehr wohliges Gefühl im Bauch. Ich fühle mich angekommen. Ankommen ist nicht nur eine Aktivität, sondern auch ein Zustand. Der ist unabhängig vom Ort, kann in den seltsamsten Momenten eintreten – meistens dann, wenn man es am wenigsten erwartet. Das ist ein Moment, in dem ich weiß, dass ich meinem Herzen gefolgt bin, nachdem ich mich gefragt habe, was will ich, und mir selbst diesen Wunsch erfüllt habe. Vielleicht ist das für einige der Sonnenaufgang über Machu Picchu. Für andere bedeutet es, sich ein blaues Tütchen bei

Tiffany's zu kaufen und sich wie Audrey Hepburn zu fühlen. Und für mich? Nun, heute bedeutet es, in meinem Zuhause für die nächsten vier Tage zu sitzen und mich von den Fröschen nerven zu lassen.

Die Erkenntnis, wie du reisen willst und was du unterwegs machen möchtest, ist auch eine gute Übung fürs Nachhausekommen. Lebst du dein Leben so, wie du es dir schon immer gewünscht hast? Gibt es Dinge, die du aufräumen, anders machen willst? Wenn man einmal anfängt, den eigenen Wünschen, dem *Was will ich eigentlich?* nachzugehen, dann fällt es schwer, wieder damit aufzuhören. Und das ist verdammt gut so.

Date mit mir

«Travel far enough and you will meet yourself.»
DAVID MITCHELL

Meine Mutter hat früh das Motto in mir geprägt, dass man sich überall hin selbst mitnimmt. Das war für mich immer eine gute Ermahnung, dass man zwar vor vielem, aber nicht vor sich selbst weglaufen kann. Weglaufen ist kein guter Grund zum Reisen. Wenn du dich zu Hause nicht magst, dich zu dünn oder dick, zu dies oder jenes findest, dann wird sich das unterwegs nicht ändern. Auch die einfachsten Hotels haben heute einen Spiegel und eine Waage, und oft werden uns unsere vermeintlichen Unarten in einem neuen Umfeld noch stärker bewusst.

Du kannst einiges an Problemen, nörgelnden Ehemännern, gescheiterten Karrieren und verregneten Sommern zurücklassen, dich selbst hast du leider immer im Gepäck. Aber wer bist du eigentlich? Oft haben wir das vergessen, es geht halt schnell mal im Alltag und einem verregneten Sommer unter.

Meiner Meinung nach gibt es nichts Besseres, als sich aus seiner gewohnten Umgebung zu bewegen, aus der eigenen Komfortzone zu treten, um das rauszufinden. Wer bin ich? Auf meinen letzten Reisen habe ich gelernt, dass ich um einiges mutiger bin, als ich dachte, und fast alles zumindest einmal probiere. Das kann ein Spinnenbein oder Gleitschirmfliegen sein. Oft einmal und nie wieder (das galt für das Spinnenbein!), aber ich probiere es. Auch wenn ich Tierdokumentarfilme doof finde, gibt es nichts Faszinierenderes für mich, als Tiere in der Wildnis zu sehen. Sobald ich von Affen, Löwen oder Fischen umgeben bin, bin ich froh. Ich brauche den Geruch von feuchter Seeluft, der Meeresnähe verspricht, um richtig glücklich zu sein. Außerdem glaube ich, dass ich woanders ein besserer Mensch bin. Warum das so ist, weiß ich nicht. Vielleicht sinkt mein Anspruch an mich selbst und ich höre auf, selbst mein schlimmster Feind zu sein. Oder ich vergesse die Zeit und lache mehr als in Deutschland, bin neugieriger und offener für anderes. Was auch immer es ist, ich mag es. Ich mag mich auf Reisen oder zumindest diese reisende Version von mir.

Das sind alles keine weltbewegenden Erkenntnisse, aber sie haben mir trotzdem geholfen, mich ein bisschen besser kennenzulernen. Erst allein auf Reisen habe ich erkannt, dass ich stärker bin und mehr kann, als ich dachte. Das hilft mir, nicht nur die nächste Reise zu gestalten, sondern auch meinen Alltag. Dadurch habe ich erkannt, dass ich Reisen gerne zum Alltag machen möchte, ein Ziel, auf das ich jetzt mehr denn je aktiv hinarbeite. Ich fühle mich in der Fremde, in der Ferne zu Hause – etwas, das ich nie realisiert hätte, hätte ich mein Zuhause nicht verlassen.

Herauszufinden, wer man eigentlich ist und was man will, das ist in vertrauter Umgebung oft schwierig. Wir lernen, zu funktionieren und nicht zu hinterfragen, so geht das mit dem Alltag meistens besser. Wenn man aber aufgibt, was einen stetig umgibt, schärft das nicht nur den Blick auf die neue Umgebung, sondern auch auf einen selbst. Auch wenn das erstmal kontra-intuitiv klingt. Geborgenheit und Vertrautheit ist auch immer etwas einschränkend, und nicht selten findet man sich erst, wenn man all das abgelegt hat. Wenn man verloren in der Wildnis, in der Ferne, in der Stille oder in nie gekanntem Lärm, umgeben von fremder Sprache, Gerüchen und Menschen steht, dann sieht man sich auf einmal ganz klar.

Wer bin ich und was mag ich gerne? Möchtest du umgeben von vielen Menschen in einem Hostel schlafen oder vielleicht doch lieber die Stille auf einem Bauernhof auf dem Land genießen? Willst du möglichst viel sehen oder den neuen Ort einfach langsam in dir aufsaugen und die Seele baumeln lassen? Das und so viel mehr gilt es jetzt und nur im Einklang mit dir selber zu entscheiden. Das sind die magischen Momente, die auf Reisen passieren, wenn du merkst, wer du bist und dass du, egal, wo du hingehst, nie allein sein wirst. Im Guten wie im Schlechten hast du dich immer dabei. Schön ist, wenn du weißt, auf wen du dich da einlässt.

Wachsen und erwachsen werden

«I am not the same having seen the moon shine on the other side of the world.»
MARY ANNE RADMACHER

Reisen bildet, das ist nichts Neues. Das ist einer der Gründe, warum sich jährlich Horden von Abiturienten und Hochschulabsolventen auf große Reise begeben und unterwegs auf vermeintlich Erwachsene treffen, die entweder ein Sabbatjahr eingelegt haben oder ihrer Midlife-Crisis erlegen sind. Es ist egal, in welchem Alter man sich aufmacht, Reisen macht erwachsen und lässt uns wachsen. Auch die, für die Reisen und Urlaub eins sind und die lieber faul auf der Liege am Strand des Club Med Sonne tanken. Es gibt immer etwas zu sehen, zu lernen und zu entdecken. Ich möchte zumindest glauben, dass ein bisschen anders und neu besser ist als gar nichts.

Für alle kann Reisen also Herausforderung und Chance zum Wachsen sein. Manchmal macht das überhaupt keinen Spaß. Doch wir wachsen an der

Einsamkeit, den Hürden, der Fremdheit und dem Fremdsein, dem Überwinden von Schwierigkeiten. Alle Dinge, die als Argument gegen das Alleinreisen aufgeführt werden, sind die besten, wenn auch oft mühevollen Lehrer.

Das passiert im Praktischen wie im Philosophischen. Du lernst nicht nur, wie du allein von A nach B kommst, ohne zu wissen, wie man A oder B in der Landessprache sagt, sondern auch, ob dir das Alleinsein überhaupt etwas ausmacht. Auch wenn der Gedanke, allein zu sein, vielen erst einmal unheimlich ist, kann es viel Gutes mit sich bringen: Stille, Entspannung und die Möglichkeit, immer wieder der Frage nachzugehen: *Was will ich?* Das muss nicht immer toll sein, aber manchmal ist es einfach gut zu wissen, dass man es auch mal allein mit sich aushält. Dass man eben nicht vor Einsamkeit vergeht und dass es überall auf der Welt andere Menschen gibt, die zwischenmenschliche Kontakte und Nähe suchen und brauchen.

Die Ironie ist, dass viele glauben, ihnen fehle das Selbstbewusstsein zum Alleinreisen, und dass es gleichzeitig nichts Besseres gibt, um eben das zu stärken. Zu Hause bewegt man sich in einem sozialen Netz aus Eltern, Partnern, Freunden und Kollegen. Mehr oder weniger glücklich, aber sich davon zu lösen, ist erst mal ein bisschen unheimlich. Man könnte ja verloren gehen, im wahrsten und übertragenen Sinne des Wortes (beides kann richtig toll sein, aber dazu später mehr). Auch wenn wir als Kinder lernen, uns zu lösen und Dinge eigenständig zu tun, scheinen wir einen Teil dieser Freiheit und Selbständigkeit irgendwann wieder abzugeben. Stattdessen lernen wir, uns sowohl in praktischen als auch emotionalen Dingen auf andere Menschen zu verlassen.

Meinen Führerschein habe ich ganz normal mit 18 Jahren gemacht und durfte mir dann mit meiner Mutter ein Auto teilen. Zu sagen, dass meine Mutter mit dem Autofahren nie warm geworden ist, wäre eine Untertreibung. So saß sie neben mir auf dem Beifahrersitz und hätte mir am liebsten die Hand gehalten. Weil das nun nicht ging, klammerte sie sich an das Armaturenbrett und murmelte stattdessen Stoßgebete. Dass ich so das Autofahren nie besonders lieb gewonnen habe, ist wohl keine Überraschung. Ich war froh, dass man in New York kein Auto brauchte, und lernte lieber schnell, richtig gut U-Bahn und Taxi zu fahren.

So verbrachte ich zehn schöne Jahre, ohne hinters Steuer zu müssen. Erst mit meinem Umzug nach Südafrika wurde ich wieder mit dem leidigen Thema konfrontiert; Autofahren war dort eine Notwendigkeit. Dass das Ganze auf der linken Straßenseite stattfinden sollte, machte mir dabei noch am wenigsten Angst.

Damit ich irgendwie klarkäme, gab mir mein Onkel während einer gemeinsamen Fahrt durch Lesotho erst mal Fahrstunden. Das Gute an den dortigen Straßen: Man sitzt meistens im einzigen Fahrzeug weit und breit und kann so anderen wenig Schaden zufügen. Der Nachteil ist, dass man oft nicht ohne

Vierradantrieb weiterkommt und die Straßen – nett formuliert – unbefestigt und schmal sind.

Da saß ich nun in einem Terrano, der mir größer als ein Haus schien, mit meinem Onkel neben mir, der mir Anweisungen gab. Ich weiß nicht, ob es das fremde Land, das riesengroße Auto oder die Ruhe meines Onkels war, aber hier lernte ich Auto fahren und dazu, mir und meinen Fahrkünsten zu vertrauen.

Ich bin nicht zur besten Autofahrerin der Welt mutiert, aber ich fühle mich heute wohl damit. Mir bereitet der Gedanke, am Steuer zu sitzen, keine Bauchschmerzen mehr, und das ist ein tolles Gefühl. Es gibt mir Freiheit und hat meinem Selbstbewusstsein einen unglaublichen Schubs gegeben – ich liebe es, wenn ich Dinge allein tun kann und nicht auf andere angewiesen bin.

Was gibst du gerne an andere ab, weil du es vermeintlich nicht kannst? Deine beste Freundin ist einfach besser darin, Typen an der Bar anzuquatschen, und dein Mann war in Mathe schon immer besser, was so hilfreich beim Trinkgeld-Ausrechnen ist? Kenn ich und kann ich beides auch nicht sonderlich gut. Ich spreche auch nicht fünf verschiedene Sprachen, um überall nach dem Weg fragen zu können, und das Kartenlesen musste ich mir erst mühsam aneignen. Es ist normal, Gesellschaft haben zu wollen, wenn wir uns langweilen, eine starke Schulter, wenn wir einen schlechten Tag haben, und moralische Unterstützung, wenn jemand fies zu uns ist. Und trotzdem ist es ein unglaublich tolles Gefühl, zu wissen, dass man auch allein klarkommt. Allein unterwegs lernt man, Situationen auszuhalten, Dinge neu zu beurteilen und sehr oft auch, dass man eigentlich etwas richtig gut selbst kann und zu Hause nur nie dazu gekommen ist.

Das Blau ist blauer als blau

Natürlich ist es ein Vorteil, wenn man nicht nur die Beschwerlichkeiten und Kosten einer Reise teilen kann, sondern auch die schönen Momente und das Bier zum Sonnenuntergang. Meine liebsten Momente, wenn ich zu zweit oder in einer Gruppe reise, sind die «Guck-mal-da!»-Momente, die geteilten Erlebnisse, von denen man auch im Nachhinein noch schwärmt. Aber ein Reisepartner, egal wie nett, ist auch immer eine Ablenkung, ein vorprogrammiertes Wahrnehmen von Dingen.

Oft steht unsere Meinung über andere Menschen und die Welt schon felsenfest, bevor wir sie überhaupt gesehen haben. Unterwegs mit einer besseren Hälfte ändert sich daran meistens wenig. Nicht nur beim Sprachkurs ist es hinderlich, zu viel Heimat und Vertrautheit dabeizuhaben. Als Teil der Herde oder im Zweierpack sehen wir nicht nur, was wir sehen wollen, sondern wird unser Blick maßgeblich von den anderen um uns herum geprägt. Die schon festgelegte eigene Meinung wird noch vom Reisepartner gespiegelt und manifestiert. Allein unterwegs bin ich dagegen gezwungen, das eigene Denken und meine Ansichtsweisen zu hinterfragen. Wie weit kann ich über meinen Horizont hinausblicken, wenn ich die Welt allein erkunde? Erstens kommt es anders und zweitens, als man denkt – toll, wenn man sich darauf einlassen kann.

Tatsache ist, dass man sich mehr mit Land und Leuten beschäftigt, wenn man allein unterwegs ist. Dinge werden, im Guten wie im Schlechten, intensiver wahrgenommen. Wenn der Bus nicht nach Fahrplan fährt und man am Straßenrand gestrandet ist, stresst einen das allein meist deutlich weniger als in Begleitung. Man macht aus einer Mücke keinen Elefanten und entdeckt vielleicht genau in diesem Augenblick die Orchideen, die sich an genau jenem Straßenrand um einen Baum ranken. Und wer Orchideen bisher nur verstaubt und einsam auf einer Wohnzimmerfensterbank gesehen hat, weiß gar nicht, wie schön das ist. Kleine Momente werden nicht nur nicht übersehen, sondern kriegen auch eine große Bedeutung. Das Blau des Himmels ist auf einmal blauer als blau. Geräusche, Gerüche und Geschmäcker sind verschieden und anders, und auf einmal nimmst du das auch wahr. Sonnenuntergänge sind nicht nur romantische Fototapete, sondern Gedichtinspiration, Essen in der Garküche nicht nur Nahrungsaufnahme, sondern Kulturerlebnis. Das vermeintlich Nichtige und Kleine findet eine neue Würdigung, wenn wir allein sind.

Dazu kommt, dass man sich nicht nur selbst mehr mit Land und Leuten beschäftigt, sondern dass Land und Leute auch größeres Interesse an einem haben.

Alleinreisende werden weniger als Bedrohung oder Bürde angesehen. Das öffnet nicht nur die Tür zum Business-Class-Upgrade, sondern auch die von privaten Häusern.

Neulich lief ich allein durch ein auf Wasser gebautes Dorf der Bajo in Indonesien und wurde, eh ich mich versah, in ein Haus eingeladen, wo die Frauen mit den Kindern beim Kochen saßen. Die Familie hätte sich das mit der Einladung wohl gut überlegt, wäre ich in meiner Gruppe geblieben. Aber so saßen wir gemütlich zusammen, haben Fotos voneinander gemacht, und ich wurde im Kasuamiwurzelkochen unterwiesen.

Gerade Frauen, ob berechtigterweise und gewollt oder nicht, werden oft weniger als Bedrohung wahrgenommen. Klar, das kann ein Nachteil sein, aber auch ein grandioser Vorteil, der Türen und Herzen öffnet und einen echten Einblick ins Land ermöglicht.

Besser allein als gar nicht

«The trouble is, you think you have time.»
BUDDHA

Dieses Zitat von Buddha ist eins meiner liebsten. Es erinnert mich immer wieder daran, nichts aufzuschieben und nichts ungesagt zu lassen. Nicht böse ins Bett zu gehen, den Menschen, die ich liebe, zu sagen, dass ich sie liebe, und Dinge lieber früher als

später zu tun. Das heißt nicht, dass ich morgen mein ganzes Geld und meine Altersvorsorge für einen Trip mit einer Segelyacht auf den Bahamas verschleudern werde. Aber es heißt, dass ich mein Möglichstes tun würde, um so einen Trip Realität werden zu lassen, wenn es mein Herzenswunsch wäre. Klar, manchmal braucht das Zeit. Sparen, auf den nächsten Urlaub warten und je nach Wunsch noch ein bisschen mehr sparen.

Worauf ich aber nicht warte, ist, jemanden zum Mitfahren zu finden, wenn ich mich auch allein aufmachen kann. Wir haben doch schon gelernt, dass wir unser Glück nicht von anderen abhängig machen können und sollen. Warum sollten wir dann darauf warten, unser Reiseglück mit einer anderen Person zu finden?

Es gibt eigentlich nur eine einzige Reise, die per Definition voraussetzt, dass man nicht allein ist: die Hochzeitsreise. Und selbst hier soll es schon Fälle gegeben haben, in denen sie allein angetreten wurde; sicher nicht freiwillig, aber auch das ist möglich.

Ansonsten kann man immer allein reisen. Ich verstehe, dass einige die Idee des Alleinreisens nicht mögen, es vielleicht ausprobiert und als «nicht so meins» abgelegt haben. Aber sich von einem fehlenden Reisepartner ganz vom Reisen abhalten zu lassen, halte ich für falsch. Ich sage: Besser allein als gar nicht.

Wenn ich mir anschaue, wie groß die Welt ist und wie viel ich wieder oder noch sehen möchte, wird mir ganz schwindelig. Manchmal macht es mich traurig, weil ich weiß, dass das gar nicht zu schaffen ist.

Es gibt Orte, in die ich mich so verliebt habe, dass ich dauernd wieder hinmöchte. Nach Marrakech bekomme ich mindestens einmal im Jahr ganz akutes Fernweh. Neuerdings auch nach Sri Lanka, und nach New York sowieso und noch immer. Dann entdecke ich neue Länder. Neulich habe ich etwas über San Marino gelesen, ein Land, von dem ich nicht mal wusste, dass es existiert beziehungsweise dass es ein eigenständiges Land ist. Da muss ich jetzt auch hin!

Die Liste wird also nie kürzer, die Zeit schon. Wie viele Leben bräuchte ich, um alles zu sehen? Das will ich mir gar nicht ausrechnen, denn mehr als die durchschnittlichen 82 Jahre, die ich als Frau kriege, bräuchte ich bestimmt.

Dann bin ich von mir selbst genervt – hätte ich nicht früher mit dem Reisen anfangen können? Warum habe ich jemals ein Paar Prada-Schuhe gekauft? Mit dem Geld hätte ich um die halbe Welt fliegen können! Hätte ich die ganzen Stunden, die ich damit verbracht habe, alte *Friends*-Folgen zu schauen, nicht besser investiert, um Märkte, Tempel und Sonnenuntergänge zu sehen? Vielleicht, vielleicht auch nicht, denn ich hatte sowohl mit den Schuhen als auch beim *Friends*-Gucken einen tolle Zeit. Und es bleibt dabei, dass ich ja so oder so nicht alle meine Reisepläne in die Realität umsetzen kann. Aber wenn ich mir vorstelle, dass ich auch noch darauf gewartet hätte, den perfekten Reisegenossen zu finden, dann wäre ich jetzt nicht hier.

Manche Freundschaften sind für den Stammtisch und nicht fürs Rum-Trinken auf Kuba gemacht, manche Beziehungen funktionieren in den eigenen vier Wänden, aber nicht im Dschungelcamp. Das ist okay und sagt nicht unbedingt etwas über die Qualität unserer zwischenmenschlichen Beziehungen aus. Auch wenn sich viel über eine Person herausfinden lässt, wenn man mit ihr auf Reisen geht, ist es doch nicht alles. Im Alltag zu funktionieren, ist genauso wichtig wie im Abenteuer. Manche Menschen eignen sich für die eine, aber nicht für die andere Art zu reisen. So kommt es, dass sich zwar meistens irgendjemand zum Reisen finden würde, aber oft nicht die richtige Person für das, was man selbst gerne machen möchte. Dann reist du besser allein, als dir mit einem Dauernörgler das Zelt zu teilen oder zu versuchen, mit einem Partymenschen an einem einsamen Strand zu entspannen. Reisen kann einen zusammenschweißen, hat aber auch schon zahlreiche Freundschaften und Beziehungen beendet.

Und natürlich kann es auch ganz schnöde Gründe dafür geben, dass sich keiner zum Reisen findet: Geld, Zeit, Timing – manchmal klappt es mit den Reisegenossen halt nicht so einfach wie beim *Herrn der Ringe*. Keine meiner Freundinnen wollte zum Dschungelabenteuer nach Borneo oder zur zweisamen Romantik auf die Seychellen. Deshalb nicht fahren oder verschieben? Darauf hatte ich noch weniger Lust. Was du heute kannst besorgen, das verschiebe nicht auf morgen. Diese alte Binsenweisheit sollte nicht nur für die ungemütlichen Dinge im Leben gelten, sondern genauso für die schönen, die aufregenden, die, die uns nachts mit klopfendem Herzen und Schmetterlingen im Bauch wach halten. So wie Kamelritte in der Wüste oder der Blick vom Empire State Building eben.

Je jünger wir sind, für desto unsterblicher halten wir uns. Dagegen ist nichts zu sagen, außer dass wir uns eben ab und zu bewusst machen müssen, dass es am Ende nicht so ist. Dass man stetig an der Erfüllung seiner Herzenswünsche arbeiten sollte. Zum Aufschieben sollten wir uns keine Zeit nehmen.

Ohne Wenn und Aber

Wie du siehst, versuch ich mein Möglichstes, dich davon zu überzeugen, es doch mal mit dem Alleinreisen zu versuchen. Ich glaube, du wirst es mögen. Ich habe noch keinen getroffen, der nach einem Solotrip gesagt hat: Wär ich doch lieber zu Hause geblieben! Die meisten waren sogar hellauf begeistert.

Ich hoffe, du hast das letzte Kapitel gelesen und gedacht: Wow, das will ich auch mal probieren, das mit dem Alleinreisen! Vielleicht hast du schon ein Land im Kopf oder bist mal ins Internet ein bisschen stöbern gegangen. Vielleicht hast du bereits die Auswahl an Reiseführern im Buchladen studiert oder warst beim Thailänder, um mal zu testen, wie das so wäre, für eine Woche Curry zu essen.

Vielleicht war deine Reaktion aber auch ein «Aber ...», gefolgt von einem der mir so gut bekannten Gegenargumente. Eins zieht oft andere nach sich, und auf einmal gibt es eine ganze Reihe vermeintlich guter Gründe, die dir einflüstern wollen, dass das mit dem Alleinreisen wahrscheinlich doch keine so gute Idee ist. Was als kleines Aber anfing, verwandelt sich schnell in einen unüberwindbaren Berg.

So ein Aber kann ein komisches Bauchgefühl oder eine kleine Stimme in unserem Kopf sein, manchmal kommt es lautstark von deinem Partner, guten Freunden oder der Oma. Manche Aber sind eher praktischer Natur, und andere machen uns einfach nur das Herz schwer. Das ist normal, und damit setzt sich früher oder später auch der erfahrenste Reisende auseinander.

Doch diese Aber sind nicht dein Feind, sondern dein Führer. Sie sorgen dafür, dass dein Trip nicht zu einem totalen Reinfall wird und du am Ende sagen kannst: Gut, dass ich nicht zu Hause geblieben bin!

Dafür habe ich mich auf die Suche begeben – online, in meinem Freundes- und Bekanntenkreis und auch bei mir selbst. Was sind die größten Aber, die vermeintlich besten Argumente, die uns vom Alleinreisen abhalten? Da kam einiges zusammen. Und ich habe für alle vermeintlich guten Argumente, die man gegen das Alleinreisen haben könnte, noch ein paar bessere Gegenargumente gefunden.

Hasenfüße und Löwenherzen

Seit ich meine ersten Schritte im New Yorker Regen gemacht habe, bekomme ich ständig zu hören, wie unsagbar mutig ich doch sei. So ganz allein unterwegs ... Wow!

Mutig zu sein ist natürlich toll. Das klingt nach Ritterlichkeit, nach Drachentöten (wobei ich finde, dass Drachen eigentlich super sind!) und nach den Brüdern Löwenherz. Wer will nicht gerne mutig sein?

Aber ganz ehrlich, immer wenn mich jemand aufgrund meiner Reisen mutig nennt, komme ich mir vor wie ein Hochstapler. Ich besteige keine hohen Berge oder reite auf Yaks durch die Mongolei

und weiß noch nicht mal, ob man auf Yaks überhaupt reiten kann. Ich gehe auch sonst kaum sur-
vivor-mäßigen Tätigkeiten nach und hab da auch
wenig Lust zu. Das sieht mir alles zu anstrengend
und unbequem aus. Einmal hab ich ein Spinnenbein
gegessen. Das aber auch nur, weil die Prinzessin unserer Gruppe mit «gutem Beispiel» voranging und ich
nicht nachstehen wollte. Ob das mutig war? Die ge-
bratene Schlange am Abend habe ich auf jeden Fall
dankend abgelehnt, als ich mir sicher sein konnte,
dass auch die Prinzessin gepasst hat. Wofür ich ihr
heute noch insgeheim sehr dankbar bin.

Letztes Jahr wollte ich den Mount Kinabalu auf
Borneo besteigen, einen 4096 Meter hohen Berg in
Sabah. Die Vorstellung war schrecklich, aber irgendwie reizte mich die Herausforderung. Doch als aufgrund eines Erdbebens die Bergbesteigung kurzfris-
tig abgesagt wurde, war ich schmachvoll erleichtert.
Statt zur Spinning-Stunde, die zur Vorbereitung für
die Besteigung dienen sollte, bin ich erst mal zum
Nudelessen und Weintrinken zu meiner Freundin
gefahren.

Wie du siehst, bin ich nicht wirklich mutig im
herkömmlichen Sinn. Ich will einfach nur reisen,
und wenn man mich für meinen Abenteuergeist
oder meine Neugier feiern will, schön, aber mit Mut
hat das nichts zu tun. Und komischerweise scheint
es mir auch, dass nur reisende Frauen das zu hören
bekommen, Männer nie.

Richtig mutig, das sind doch Feuerwehrleute, Po-
lizisten und Eltern. Letztere finde ich ganz besonders

mutig, Kinder machen mir ein bisschen Angst. Aber ich bin nicht mutig, ich steige allein in ein Flugzeug und checke in ein nettes Hotel ein. Oder ich mache Fotos von meinen Füßen am Strand, denn das machen Reiseblogger ja so. Mutig ist was anderes.

Trotzdem höre ich das mit dem Mutigsein oft, und langsam nervt es. Irgendwann war es mal ein Kompliment, ein extra Schubs, um mehr zu machen, aber jetzt nicht mehr. Denn ich glaube nicht, dass es etwas mit mir zu tun hat. Eher dass die, die mich so nennen, sich selbst nicht so ganz trauen und das rechtfertigen wollen.

Vielleicht habe ich unrecht. Vielleicht geht es um den Mut im übertragenen Sinn. Um den Mut, sich mit Neuem und Unbekanntem auseinanderzusetzen. Mit dem, von dem man noch nicht weiß, ob es das schönste Gefühl der Welt hervorrufen oder zu einem schlimmen Albtraum werden wird. Den Mut, sich auch mal allein und verloren zu fühlen. Den Mut, auch mal wirklich verloren zu gehen und ziellos zu sein. Ja, das alles kann ich. Aber für mich hat es sich eben nie besonders mutig angefühlt, für mich ist es wie atmen. Oft hervorgerufen durch ein Gefühl, dass nichts schlimmer sein könnte, als stillzustehen, als dazubleiben, als nicht in die große, weite, gruselige Welt zu gehen.

Was also tun, wenn du dich nicht mutig genug fühlst, um allein zu reisen? Am besten denkst du erst einmal über deine eigene Definition von Mut nach. Oft macht man im Alltag doch schon tausend Dinge, die mutig sind. Reisen ist eigentlich auch nichts anderes, als sein Leben zu leben, nur woanders. Und dahin nimmt man nicht nur sich selbst mit, sondern auch einen guten Teil Alltäglichkeit. Essen muss man auch auf Reisen, schlafen, Zähne putzen und aufs Klo gehen auch. Einkaufen, Auto oder Bus fahren, lachen und sich langweilen, das passiert eigentlich überall. Egal, ob man gerade in Hannover, Deutschland ist oder in Hanover, Südafrika.

Dafür, dass viele Schlauberger denken, ich würde nur reisen, um dem Alltag zu entfliehen, mache ich unterwegs ganz schön viel Alltägliches. Für die, die sich nicht mutig genug fühlen, ist das vielleicht eine gute Erinnerung. Denn wenn man zu Hause einfach so sein Leben leben kann, dann kann man das doch auch woanders tun, oder?

Es verlangt niemand von dir, dass du gleich ein

Spinnenbein isst (da verpasst du wirklich nichts!) oder dich dschungelcampmäßig durch den Urwald schlägst. Mut sei den Brüdern Löwenherz und den Rittern überlassen. Reisende brauchen nur etwas Neugier, einen kleinen Funken Abenteuerlust und in den meisten Fällen eine Kreditkarte. Ob du dann auf den Spuren von James Cook auf die Osterinsel fährst oder auf vorsichtigen Hasenfüßen nach Sylt hoppelst, ist dem Reisen total egal. Hauptsache los!

Die lieben Leute

«Make your choice, adventurous stranger.
Strike the bell and bide the danger.
Or wonder 'til it drives you mad,
What would have followed, if you had.»
C. S. LEWIS

Aber was sollen denn die Leute denken? Nicht nur auf Bali finden es selbst Fremde anscheinend total okay, mich zu fragen, warum ich a) so viel unterwegs bin und b) das auch noch allein. Meistens ignoriere ich das. Diese ominösen «Leute» waren mir eigentlich schon immer ziemlich egal. Vielen geht es leider anders. Ihnen fällt es schwerer, sich davon freizumachen, was Freunde und Fremde meinen und denken könnten. Alleinsein ist irgendwie falsch. Wer will schon allein auf Reisen gehen?

Aus den vielen guten Gründen, die für das Alleinreisen sprechen, kann einem auch schnell ein

Strick gedreht werden. Nur das machen, was du willst? Das ist aber egoistisch! Zu dir selbst finden? Was soll denn aus deinem Mann / Kindern / Eltern werden? Den Horizont erweitern? Ist man dir etwa nicht schlau und weltoffen genug in Posemuckel? Und wenn wir endlich verinnerlicht haben, dass es durchaus okay ist, ab und zu egoistisch zu sein, und wissen, dass die Zurückgebliebenen unsere Soloreise schon überleben werden, schlagen die lieben Leute noch mal zu. Manchmal mehr oder weniger offensiv, meistens aber ungefragt teilen sie uns ihre Meinung und ihr Urteil mit. Um das an sich abprallen zu lassen, braucht man ein dickes Fell.

Für mich heißt das: Wer nett fragt, bekommt auch eine nette Antwort. Ich habe kein Problem damit, mich und meine Vorhaben zu erklären. Menschen, die mir nahestehen, überzeuge und beruhige ich gerne. So gehe ich mit meiner Mutter jedes Mal ganz genau meine Reiseroute am Telefon durch, damit sie auf ihrem Globus nachverfolgen kann, wo ich bin. Ich erkläre auch heute noch meinem Vater, warum ich wo hinfliegen möchte und wie ich das finanziere. Meine besten Freunde wissen, wie lange ich mich wo aufhalte, und für meinen Bruder verkoste ich immer die lokalen Weine vor Ort. Nicht, dass ich all das müsste. Aber ich tue es gerne, denn ich möchte, auch wenn ich unterwegs bin, die Menschen, die ich liebe, so viel wie möglich an meinem Plänen teilhaben lassen.

Pläne zu besprechen und zu erklären, ist toll. Das Gleiche gilt für Widerstand und Gegenargumente, denn oft zeigen sie uns die Fehler in unserem oh so perfekten Reiseplan auf. Gut, wenn man die dank einer nervigen Frage vorher findet. Auch wenn ich die Augen verdrehe, wenn meine Eltern ihre erwachsene Tochter fragen, was Dinge kosten und wie Flüge finanziert werden sollen, ist die Frage berechtigt. Ist eine Reiseroute sinnvoll, nehme ich mir zu viel in zu kurzer Zeit vor, und wie bin ich erreichbar, wenn ich mich unterwegs einsam fühle?

Solche Fragen führen nicht nur zu einer besseren Reise, sondern auch zu entspannteren Eltern und weniger nörgelnden Freunden.

Anders sieht es dagegen mit Kommentaren von Fremden aus. Und die begegnen einem gerade im Internet- und Social-Media-Zeitalter öfter, als einem lieb ist. Wenn es doch nur bei der neugierigen Frau in der Bäckerei um die Ecke bleiben würde! Doch dank der digitalen Vernetzung wird heute mehr denn je nicht nur geliked, sondern auch kommentiert, geurteilt und hinterfragt oder – schlimmer noch – über den eigenen Kopf hinweg debattiert.

Zu meinem Geburtstag rief mich eine Bekannte an, die mit zuckersüßer Stimme meinte, wie schön es wäre, mich zu erreichen, sie wüsste ja nie, wo in der Welt ich schon wieder Urlaub machen würde. «Du weißt schon, dass ich arbeite und keinen Urlaub mache, oder?», fragte ich sie mit leicht bebender Stimme. Meine Freude über den Anruf war verflogen. «Ja, ja, du weißt doch, was ich meine!»

Wusste ich das? In ihren Worten schwang ein Vorwurf mit, und ich sagte nichts weiter. Warum sollte ich mich vor jemandem rechtfertigen, der mich doch so offensichtlich missverstehen wollte, um – ja, um was genau zu tun? Mich daran zu erinnern, dass ich ein tolles Leben habe? Danke, das weiß ich! Bemitleidet zu werden, weil sie nicht dauernd im Urlaub ist? Ja, schade, ich würde auch gerne mal wieder Urlaub machen. Mir zu verstehen zu geben, dass das, was ich tue, nicht ernst zu nehmen ist, weil es oft mit Meerblick und frischer Mango zum Frühstück verbunden ist? Nein, danke, mit solchen Leuten diskutiere ich nicht! Niemand sollte sich dafür rechtfertigen müssen, dass er es sich schön macht, seine Träume verwirklicht und keinen Job hat, den er hasst.

Oft sagt das, was andere über dich sagen und denken, mehr über die anderen aus als über dich selbst. Ein «Bist du schon wieder unterwegs?» heißt nicht, dass du zu viel Urlaub machst, sondern dass derjenige dich um deinen Urlaub beneidet, weil er selbst schon viel zu lange nicht mehr weg war. Manchmal versucht man, andere kleinzumachen, um sich selbst größer zu fühlen. Das gilt für viele Dinge des Lebens, fällt mir aber besonders beim Reisen auf. Manche empfinden Alleinsein als Makel, andere als ultimatives Glück, den Gipfel des gesunden Egoismus. Anhänger beider Schulen haben gerne was zu sagen, wenn man allein unterwegs ist. Erstere sind oft kritisch – musst du dein Alleinsein auch noch so in die weite Welt hinaustragen und solltest du nicht lieber nach dem Partner des Lebens suchen? Aber auch viele, die das Alleinsein als Glück empfinden, können es oft nicht so ausleben, wie sie gerne würden. Dann schwingt ein bisschen Neid mit – wenn mir der Luxus des Alleinseins, von «Ich-Zeit», nicht gegönnt ist, wieso nehmen ihn sich andere einfach?!

So oder so musst du dir bewusst machen, dass weder das eine noch das andere etwas mit dir zu tun hat. «Die Leute machen sich gerne was zu reden», sagt meine Mutter oft. Und wenn in den eigenen vier Wänden nichts Spannendes passiert, dann bleibt vielen nur der Klatsch über den Gartenzaun oder auf der Facebook-Wall. Ob du dich damit auseinandersetzen willst oder nicht, ist ganz dir überlassen. Du musst nur wissen, dass Kommentare über deinen Solotrip meistens herzlich wenig mit dir und deiner Art des Reisens zu tun haben.

So ignoriere ich sie meistens, die dummen Sprüche, die Sticheleien, die vermeintlich gutgemeinten Fragen. Nur ab und zu, da wird es mir zu viel und mir platzt der Kragen. Neulich fragte mich eine Nachbarin im Hausflur: «Wie, Sie wollen so ganz allein wegfahren? Aber das geht doch nicht.» Ich lächelte sie herzlich an und erwiderte: «Ja leider, Ihr Mann wollte nicht mitkommen!» Da stand sie mit offenem Mund da – und ich? Ich ging Koffer packen.

Nicht ohne meine ...
... Eltern

Neulich teilte die bekannte Reisebloggerin Kiersten von *The Blonde Abroad*, die sich auf Frauen- und Soloreise spezialisiert hat, den Kommentar der Mutter einer Leserin. Diese zweifelte an, dass Kiersten wirklich ständig allein durch die Welt reisen würde, und warf ihr vor, dass das alles in ihren Worten «Bullshit» sei. Sie schrieb außerdem, dass ihre 24-jährige Tochter inspiriert von Kiersten nun allein nach Neuseeland wolle, und sie würde sie dafür verantwortlich machen, wenn der Tochter irgendetwas passieren sollte. Die Frage von Kiersten an ihre Leser war, wie sie mit so einem Kommentar umgehen sollte.

Davon abgesehen, dass der Kommentar natürlich gemein und unangebracht war, spiegelt er hauptsächlich die panische Angst einer Mutter wider, ihr Kind ziehen zu lassen. Und damit steht sie nicht allein da. Tatsache ist, dass sich viele Alleinreisende mit den Ängsten ihrer Eltern auseinandersetzen müssen, und dafür scheint es keine Altersgrenze zu geben.

Ich hatte Glück mit meinen. Bis auf die kurze Uneinsichtigkeit meines Vaters, mich mit 18 allein nach New York zu lassen, haben mich meine Eltern immer ziehen lassen. Besorgt, vorsichtig, bestimmt manchmal auch unfreiwillig, aber stets mir vertrauend, dass ich kluge Entscheidungen treffe. Doch ich erlebe viele Reisende, bei denen das anders ist. Die sich gegen Eltern und Familie durchsetzen und freistrampeln müssen. Mit Tränen, mit Schreien und mit vielen Kämpfen. Manchmal geht man dann mit einem schalen Gefühl im Mund.

«Meine Eltern lassen mich nicht reisen – was soll ich tun?» ist auf Internet-Reiseforen eine gerade von vielen jüngeren Frauen oft gestellte Frage. Dort finden sich auch zahlreiche Kommentare wie: «Das hätten meine Eltern mir nie erlaubt!» Tatsache ist, dass du theoretisch ab 18 Jahren allein entscheiden kannst, ob du reist oder nicht. Das klappt natürlich nur, wenn du deine eigene Reisekasse hast. Die meisten Eltern geben ungern finanzielle Unterstützung für Unternehmungen, die sie nicht gutheißen. Für die einen ist das Tequila am Samstag, für die anderen Backpacking in Bolivien.

Als ich damals nach New York wollte, war ich auf eine Kreditkarte angewiesen, die mir die Bank ohne die Deckung meines Vaters nicht geben wollte. Aber davon abgesehen wollte ich auch nicht ohne seinen Segen fahren. Es war mir wichtig, dass er realisierte, warum ich unbedingt nach New York wollte. Dass er meine Vorfreude und Aufregung teilte, dass er mich freiwillig und freudig gehen ließ und nicht nur, weil er mich legal nicht aufhalten konnte. Damals war es meine Mutter, die ihn umstimmte. Ich schlief in einem Hotel, bekam eine Kreditkarte, die ich im Notfall benutzen konnte, und wurde angehalten, in regelmäßigen Abständen zu Hause anzurufen – auf Kosten meiner Eltern.

Aber wie gehst du vor, wenn du dich und deine Reise allein durchboxen musst? Wenn du aus legalen oder emotionalen Gründen nicht auf die Unterstützung deiner Eltern verzichten kannst oder willst?

Das A und O – die guten Gründe

Warum willst du reisen? Warum willst du an diesen einen Ort und nur dahin? Eine Antwort, die Strandpartys und billiges Bier beinhaltet, mag zwar ehrlich sein, aber ist nicht das, was die meisten Eltern hören wollen. Verständlich, oder? Dafür muss man auch nicht um die halbe Welt fliegen. Genauso wenig ist die Antwort «Ich will einfach nur raus» besonders smart.

Bei den guten Gründen für die Eltern ist ein bisschen Diplomatie gefragt. Geh mal in dich – was begeistert dich? Die Kultur der Inkas, Grenzen testen auf dem Kilimandscharo, das Essen in Thailand? Die Gründe können vielseitig sein, tragen aber alle dazu bei, dich zu einem facettenreichen Menschen zu machen. Das Leben ist doch schließlich die beste Schule. Da gehört natürlich dazu, dass man weiß, wie das Leben in anderen Ländern aussieht! Und dagegen haben am Ende die wenigsten Eltern etwas.

Finanzierung

Eltern stecken gerne ihre Nase in die Finanzen ihrer Kinder, und Geld wird schnell zum Druckmittel. Besonders beim Reisen steht dann nicht nur die Finanzierung in Frage, sondern auch der verantwortliche Umgang mit Geld. Was kostet der Flug, was die Unterkünfte, und was brauchst du extra für welche Aktivitäten? Was ist mit Auslandskrankenversicherung und einem Polster für den Notfall? Wie finanzierst du deine Reise? Was hast du schon, und was musst du sparen? Das sind Fragen, die du dir sowieso stellen und beantworten solltest, bevor es losgeht. Es schadet also nicht, sie mit deinen Eltern zu teilen. Wenn sie wissen, dass für deine Reise nicht ihr Sparschwein draufgehen muss, dann ist das schon der halbe Flug.

Die Frage nach dem Warum

Warum wollen deine Eltern nicht, dass du reist? Wovor haben sie Angst? Stell diese Fragen so früh wie möglich und nimm sie ernst, denn hier liegt der Schlüssel dazu, deine Eltern auf deine Seite zu ziehen.

Mit dem Kommentar, dass sie sich nicht so anstellen sollen und man schließlich erwachsen sei, kommt man meistens nicht weiter. Für die Eltern bleibt man immer Kind, und um das machen sie sich Sorgen, die manchmal von irrationalen Ängsten getrieben werden. Liegt es am Reiseland selbst? An der Tatsache, dass du allein reisen wirst? Haben sie Angst vor Krankheiten, Unfällen oder dass du nicht genügend Postkarten schreiben wirst?

Viele Ängste lösen sich schon, wenn man sie einfach mal benennt. Dann erkennen auch die vorsichtigsten Eltern, dass ihre Sorgen unbegründet sind oder dass es einfach keinen Unterschied macht, ob man mit der U-Bahn in Hamburg oder in Bangkok fährt.

Für alle anderen Ängste kann man einen Plan aufstellen: Wann bist du wo, und wie kommst du da hin? Was tust du im Notfall, wenn der Pass gestohlen wird, wie kommst du an Geld, und was passiert, wenn du krank wirst? Man kann nicht für alle Eventualitäten planen, aber es ist gut, eine Idee davon zu haben, wie man eventuell mit einem Notfall umgeht.

Eltern scheinen große Freunde von Auswärtigen Ämtern zu sein. Ich bin es nicht, zumindest nehme ich die meisten Reisewarnungen nicht ganz für bare Münze. Situationen sehen von außen und in den Medien oft schlimmer aus, als sie es wirklich sind. Ich informiere mich lieber direkt über das Tourismusbüro, lokale Blogs oder Nachrichtensender.

In unseren Köpfen verschwimmen Landesgrenzen ziemlich schnell, wenn wir Angst haben. Da ist es manchmal gut, sich die Realität mit Hilfe einer Landkarte wieder bewusst zu machen. Als Ebola in einigen afrikanischen Ländern akut war und ich nach Marokko wollte, habe ich mir mit meinen Eltern einfach mal die betroffenen Länder in Relation zu Marokko angeschaut. Erstaunlich, wie viele Kilometer letztendlich dazwischen lagen!

Für die meisten Ängste lassen sich Lösungen finden. Das sind die, die einfach zu handhaben sind. Leider teilen wir jedoch alle eine Angst, die sich vielfältig manifestiert und die man nicht so einfach los wird. Die Angst vor dem Tod. Das ist die Angst, die uns fesselt, die uns nachts nicht schlafen und die Eltern ihre Kinder festhalten lässt, denn so haben sie die Illusion von Kontrolle. Eine Illusion, die eine Mutter Worte schreiben lässt wie die an Kiersten, die einem vorgaukelt, dass Nähe Sicherheit bringt. Doch Sicherheit ist eine Illusion, nichts ist sicher im Leben, und das ist etwas, das wir alle lernen müssen.

Manche tun das früher und manche erst, wenn sie ihre eigenen Kinder ziehen lassen müssen.

Neulich flog ich irgendwohin mit einer Fluggesellschaft, an die ich mich nicht mehr erinnere. Beides ist unwichtig, denn heutzutage scheint es egal zu sein, wohin man wie reist, irgendwas war oder passiert dort immer. Bevor ich flog, telefonierte ich mit meiner Mutter. Ich hörte an ihrer Stimme, dass sie die Nachrichten gesehen hatte und sich nun Sorgen machte. Sie versuchte, tapfer zu klingen, als sie sagte: «Na ja, du glaubst ja eh, wenn deine Zeit gekommen ist, dann ist sie gekommen. Also ist es auch egal.» Sie seufzte. Ich hätte sie in diesem Moment gerne in den Arm nehmen wollen. Stattdessen sagte ich betont fröhlich: «Stimmt! Und du weißt auch, dass ich recht habe. Über unser Schicksal haben wir keine Kontrolle, und dann ist es auch egal, ob ich im Flugzeug oder auf der Couch sitze.»

Das ist eine Unterhaltung, die kein Kind mit seinen Eltern oder umgekehrt führen möchte, aber sie war wichtig. Wichtig, dass wir uns beide klar machen konnten, dass Sicherheit nur eine Illusion ist und dass es nicht nur beim Reisen keine Garantien gibt, sondern dass das auch für den Rest des Lebens gilt. Wenn man das einmal erkannt und akzeptiert hat, dann kann man eigentlich auch aufhören, sich darüber Sorgen zu machen.

Check-in

Deine Eltern möchten gerne wissen, wann du wo bist, und bitten dich, dass du sie täglich anrufst? Macht zusammen einen Plan und halte dich dran. Wenn du sagst, dass du täglich anrufst oder eine SMS schickst, dann tue das auch. Gib Bescheid, wenn du weißt, dass du offline sein wirst oder keinen Empfang haben wirst.

Ich rufe meine Mutter immer nach einem langen Flug an und wenn ich vom Tauchen zurückkomme. Auch wenn sie manchmal nicht weiß, dass ich tauchen gehe, freut sie sich, danach von mir zu hören (ohne sich vorher extra Sorgen machen zu müssen). Meinem Vater schicke ich einmal in der Woche eine E-Mail, und beide haben meine lokale Handynummer und wissen um die Zeitverschiebung. Dazu schreiben sich beide meine Reiseroute auf und wissen so, wann ich wo sein werde.

Wie der Kontakt letztlich aussieht, ist total individuell, wichtig ist nur, dass sich beide Seiten darauf verlassen können.

Berichterstattung

Wenn ich von einer längeren Reise zurückkomme, schicke ich meiner Mutter meistens ein Päckchen mit Fotos und landestypischen Dingen. Eine Erinnerung, dass ich an sie denke, wenn ich unterwegs bin, und um ihr das Land näherzubringen. Denn wenn die Notwendigkeiten erst einmal geklärt sind, möchte ich meine Eltern gerne an meinen Reisen teilhaben lassen. Ich möchte nicht nur Sorgen und Ängste teilen, sondern auch das Schöne, das Aufregende, die neuen Welten. Ich schicke nicht nur E-Mails, um zu sagen, dass es mir gutgeht, sondern um ihnen von meinen Abenteuern zu erzählen. Das tue ich natürlich, weil es Spaß macht, aber auch ein bisschen aus Berechnung. Wenn meine Eltern sehen, dass ich auf Reise A glücklich war, ist es um einiges leichter, sie von der anstehenden Reise B zu begeistern.

... Partner

Irgendeinen gibt es anscheinend immer, der einen mehr oder weniger offensichtlich davon abhalten will, die Welt und das große Glück zu entdecken. Ab einem gewissen Alter sind es nicht mehr in erster Linie die Eltern, sondern der Partner. Denn allein reisen tut man nicht nur aus Gelegenheit, sondern auch mal aus Überzeugung.

Wer in einer Beziehung jeglicher Art ist, wird oft komisch angeschaut, wenn er oder sie einen Solotrip verkündet. Was stimmt da nicht, dass man sich vermeintlich eine Auszeit nehmen will, um vom geliebten Partner freiwillig wegzukommen?

Neulich fragte mich meine Mutter, ob ich denn mit dem Reisen aufhören würde, wenn ich *den* Mann träfe. Meine Reaktion war ungeduldiges Unverständnis. «Aber warum sollte ich das tun?»

Es war ja nicht so, dass ich gerade nur die Zeit totschlug und im Geheimen auf einen Mann wartete, damit ich fortan nicht mehr allein reisen musste. Doch so scheint die Welt inklusive meiner eigenen Mutter zu denken. Wir reisen allein, bis wir jemanden zum gemeinsamen Reisen oder zum Hausbauen und Zuhausebleiben finden. Das kann so sein, muss aber nicht. Für viele ist Alleinreisen keine Notlösung, sondern eine bewusste Entscheidung. Das sagte ich dann auch meiner Mutter. Und dass ich auch gerne auf den richtigen Partner, der nichts gegen meine Soloreisen hat, warten würde. Das würde aber nicht einfach sein, warf nun auch mein Vater ein, worauf ich konterte, dass es das ja nie wäre. Einige haben blaue Augen, ein sechsstelliges Gehalt und ein CDU-Parteibuch auf ihrer Liste mit Must-Haves, die ein Partner erfüllen muss, bei mir ist es eben, dass er damit leben kann, wenn ich auch mal allein reise.

Neulich lernte ich einen Mann kennen, so, wie man das heutzutage als Weltreisende macht: auf Twitter. Wir schrieben und flirteten, und er nannte mich *the girl who travels*. Ein Titel, den ich mochte, denn er beschrieb nicht nur mich, sondern auch sein Verhältnis dazu. Er mochte mich nicht trotz meines Reisens, sondern gerade weil. So einen Mann wollte ich.

Denn oft ist es nicht nur die Außenwelt, die sich da in etwas einmischt, das eigentlich nur dich und deinen Partner angeht. Für viele ist es auch der Partner selbst, der sich im wahrsten Sinne des Wortes zurückgelassen fühlt. Zum Sich-Sorgen-machen kommt dann noch eine emotionale Ebene dazu. Warum solltest du deine Zeit lieber allein als zu zweit verbringen? Warum Geld, das man für einen gemeinsamen

Urlaub sparen könnte, allein verprassen? Was dabei außer Acht gelassen wird: Alleinreisen ist kein Gegen gegen die Beziehung und den Partner, sondern ein Für für die eigene Freiheit, die Selbstbestimmung, die Frage nach dem «Was will ich?».

Der englische Begriff *Settling Down* beinhaltet einen Trauschein und, an einem Ort zu bleiben. Stillstand im Positiven, aber auch im Negativen. Männer dürfen nicht mehr mit Kumpels in die Kneipe, und Frauen freuen sich, dass sie es endlich geschafft haben, sich einen Partner fürs Leben zu angeln. Traute Zweisamkeit auf ewig, nie wieder allein sein. Aber die Zeiten ändern sich. Wir haben eigentlich erkannt, dass die besten Beziehungen die sind, in denen die Partner sich mehr lieben als brauchen. Beim Brauchen schwingt doch immer eine unfreiwillige Abhängigkeit mit, die mir schlecht aufstößt. Auch in einer Beziehung sollten Freiheit und Selbstbestimmung gelten, für beide Geschlechter.

Für Männer ist es seit jeher normaler gewesen, auf Reisen zu gehen. Geschäftsreisen, lange gefährliche Seefahrten, Beutejagd – Männer sind gerne unterwegs, und Frauen haben zu Hause zu sitzen und auf ihre Rückkehr zu warten. Das war zwar nicht fair, aber über Jahrhunderte akzeptabel. Zum Glück für uns haben sich die Zeiten geändert. Zumindest in Deutschland dürfen wir inzwischen wählen, Hosen tragen und auch ohne Erlaubnis unseres Ehemanns arbeiten. Doch wenn es ans Reisen geht, werden wir nach wie vor oft mit Fragen konfrontiert, die schlicht beleidigend sind: «Wie? Dein Mann erlaubt dir, allein zu reisen?», «Hast du keine Angst, dass dein Mann dich betrügt, wenn du ihn so lange allein lässt?» Oder meine liebste Frage, die ich neulich in einem Artikel zum Thema las: «Wie macht ihr das denn mit dem Gutenachtkuss, wenn du unterwegs bist?»

Also mal der Reihe nach. Was soll das mit dem Erlauben oder Verbieten? Klar, Kompromisse und Absprachen sollten zur täglichen Kommunikation gehören. Ein Um-Erlaubnis-Bitten oder -Erteilen aber nicht. Das gilt für beide. Wenn dein Partner Bedenken hat, dich mit frohem Herzen ziehen zu lassen, dann gilt es, das zu hinterfragen. Nicht zu fahren, ist kein Kompromiss.

Meistens läuft es ganz schnell auf das Thema Vertrauen hinaus. Aber wenn dir dein Mann / deine Frau nicht vertraut, wenn du verreist, dann hast du eigentlich ganz andere Sorgen. Dann lebst du nämlich mit jemandem, der dir nicht vertraut. Punkt. Das hat nichts mit dem Reisen zu tun, und das ist ein Problem.

Du hast Angst, dein Partner könnte dich auf Reisen betrügen? Hast du Angst, dass dein Partner dich betrügt, wenn er beim Sport ist? Oder kommst du etwa auf die Idee, deinen Partner auf dem Weg zum Sport zu betrügen? Nein? Herzlichen Glückwunsch, du bist in einer Beziehung voller Vertrauen, die auch einen Solotrip verträgt! Lautet die Antwort ja, dann tut es mir leid. Wenn du in einer Beziehung bist, in der du Angst hast, dein Partner könnte dich betrügen oder du selbst in Versuchung geraten, dann habt ihr andere Sorgen als eine Soloreise.

Und wenn es nicht um Vertrauen geht, um was geht es dann? Gehört es zu einer guten Beziehung dazu, keinen Schritt ohne den anderen zu tun? Oder möchtest du nicht lieber jemanden, der dich ziehen lässt und zu dem du anschließend ganz freiwillig zurückkommen möchtest?

Ich glaube fest daran, dass Reisen nicht nur ein essenzieller Bestandteil von mir ist, sondern mich auch rundum zu einer besseren Person macht. Ich bin eine bessere Person und eine bessere Partnerin, wenn und weil ich reise. Und so eine Person will man doch sein, oder?

Auch in einer Beziehung hören wir nicht auf, Individuen zu sein. Jeder mit seinem eigenen Set an Interessen, Vorlieben, Dingen, die sein Herz höher schlagen lassen. Kompromisse sind schön und gut, aber ab und zu muss jeder Partner auch seinen Herzenswünschen folgen dürfen. Sei das am Wochenende auf den Golfplatz, allein im Kino zum *Star-Wars*-Marathon oder beim Koalas-Suchen in Australien.

Es soll ja auch – mir sehr unverständlich – Leute geben, die nicht gerne reisen. Die am glücklichsten zu Hause und auf jenem Golfplatz sind. Wenn das für den Partner gilt, dann muss man eben allein los. Denn für jemand anderen zuhause zu bleiben, obwohl man selbst gern reisen möchte, ist kein Kompromiss, sondern Gefängnis.

Wenn dein Partner sich auch gerne aufmacht, umso besser. Wer die Welt sehen will, versteht eher, warum du sie auch sehen willst. Aber nur, weil du nicht allein reisen musst, heißt es noch nicht, dass du es nicht solltest. Manchmal sind es ganz praktische Gründe wie abweichende Urlaubstage oder unterschiedliche (Reise-)Interessen, die dazu führen, dass man sich dann doch ohne Partner aufmacht. Manchmal reicht es schon, zu realisieren, dass ein Solotrip einfach etwas anderes ist. Reisen ist nicht gleich Reisen. Alleinreisen erfüllt andere Ansprüche und gibt uns andere Dinge als Reisen mit dem Partner. Eine Reise zu zweit kann nur bedingt Ersatz für eine Soloreise sein, während die Soloreise uns oft ungeahnte Vorzüge freudestrahlend vor die Füße wirft. Und uns vor allem freudestrahlend und erfüllt zum Partner heimkehren lässt. Im Englischen gibt es die Redewendung *«Absence makes the heart grow fonder»*. Manchmal gibt es nichts Besseres für eine Beziehung, als sich auch mal zu vermissen. Das klappt besonders gut vom anderen Ende der Welt – und beim Nachhausekommen sind dann auch die Gutenachtküsse wieder besonders schön.

Die Angst vor der Einsamkeit und die liebe Langeweile

«To awaken quite alone in a strange town is one of the pleasantest sensations in the world.»
FREYA STARK

Die Angst vor der Einsamkeit ist eine starke Angst. Sie ist Motivation, um zu heiraten, um auf eine Party zu gehen, auf die man eigentlich nicht gehen will, und oft Grund genug, um nicht allein zu reisen. Alleinsein wird oft mit Einsamkeit gleichgestellt, mit einem Da-fehlt-doch-was. Zu zweit ist man zumindest weniger allein, so viel ist klar. Aber stimmt das eigentlich?

Ich habe einige meiner einsamsten Momente unter Menschen, sogar unter Freunden verbracht. Das machte das Gefühl nur schlimmer, denn wenn ich nicht allein war, wie konnte ich mich da einsam fühlen?

Einsamkeit hat relativ wenig mit äußeren Umständen und alles mit deinem inneren Zustand zu tun. Sich irgendwo zugehörig, eben nicht einsam zu fühlen, das hat nicht nur was mit Menschen zu tun. Das ist ein Gesamtzustand, der von vielen Dingen beeinflusst wird. Einsamkeit ist ein Phänomen, das einen immer treffen kann, egal, ob man allein ist oder nicht. Ist es schlimmer, wenn man allein unterwegs ist? Ich finde nein, mir wird die Einsamkeit bewusster, wenn ich in einer Situation bin, in der ich mich eigentlich nicht einsam fühlen sollte, als wenn ich in der Fremde bin.

Zum Glück fühle ich mich ortsunabhängig sehr selten einsam. Vielleicht liegt das auch daran, dass ich das Alleinsein als introvertierter Mensch sehr schätze. Und Einsamkeit ist nur die Schattenseite des Alleinseins, nicht dasselbe. Ich fürchte mich nicht davor, denn ich halte es gut mit mir selbst aus, und selten entwickelt sich daraus ein Gefühl der Einsamkeit. Trotzdem überkommt sie mich in gewissen Momenten. Wenn ich allein in einem besonders romantischen Hotelzimmer gelandet bin, ein wichtiges Ereignis von einem lieben Menschen zu Hause verpasse oder einfach mal einen knatschigen Tag habe, an dem mir auch sonst nichts passt. Aber mit dem Reisen hat das wenig zu tun. Wie auch im sonstigen Leben muss man dann halt da durch. Das gilt unterwegs genauso wie zu Hause. Was hilft: Jemanden anrufen oder eine E-Mail schreiben, ein spannendes Buch lesen, Yoga machen oder einfach mal um den Block gehen.

Man nimmt sich überallhin selbst mit, und dann kommen auch Einsamkeit & Co ins Gepäck. Ironischerweise bin ich auf Reisen meistens weniger allein. Wenn ich erst mal aus meiner Wohnung, meinem kleinen Refugium trete, bin ich auf einmal von scheinbar der ganzen Welt umgeben. Andere Reisende, Fremde, die zu neuen Freunden werden wollen, und meistens eine Vielzahl neuer Eindrücke, die dafür sorgen, dass ich mich am Ende des Tages freue, meine Ruhe zu haben.

So ist das natürlich nicht immer. Manchmal trifft sie mich auch, die Einsamkeit. Dann stehe ich voll in dieser Schattenseite des Alleinseins und finde es gar nicht schön. Da rufe ich zumindest innerlich nach meiner Mama, finde alles doof und frage mich, wie ich jemals auf eine so blöde Idee wie die, allein an diesen Ort zu reisen, gekommen bin. Zu Hause war alles besser, darauf bestehe ich und stampfe innerlich mit dem Fuß auf. Blödes Reisen! Nur wenn ich dann zu Hause bin und mich die Einsamkeit auch dort mal übermannt, denke ich genau dasselbe: Unterwegs wäre jetzt alles anders. Blödes Zuhausesein! Das Gras ist auf der anderen Seite immer grüner.

Wenn ich nicht mit dem Fuß aufstampfe, dann mache ich mir das Gefühl zunutze. Das geht für mich besonders gut in der Natur. In der Wüste, im Dschungel, in den Bergen – hier bin ich allein und entdecke oft das Positive an der Einsamkeit. Ruhe, Stille, Abgeschiedenheit und zu mir selbst finden. Manchmal tut es gut, wenn ich mich einfach mal in der Schattenseite ausruhen kann. Dann finde ich oft ein bisschen Klarheit darüber, was ich eigentlich vermisse, wenn ich mich einsam fühle.

> *«Your true traveler finds boredom rather agreeable than painful. It is the symbol of his liberty – his excessive freedom. He accepts his boredom, when it comes, not merely philosophically, but almost with pleasure.»*
> ALDOUS HUXLEY

Nach der Frage, ob ich mich einsam fühle, höre ich häufig die Frage, ob ich mich allein auf Reisen nicht langweile. Nee, denn ich halte mich einfach nicht für einen langweiligen Menschen. Zumindest hat es wenig damit zu tun, ob ich mit anderen zusammen oder allein bin. Schon als Kind spielte ich am liebsten allein, und langweilig fand ich das selten. Wenn es dann doch mal so war und alle Vorschläge, die meine Mutter anbrachte, nichts nützten, beendete sie die Debatte oft mit den Worten: «Tja, dann musst du dich jetzt halt mal langweilen.» Das tat ich dann, und ich tat es ungern, aber zum Glück hielt es nie lange an. Mit der Akzeptanz der Langeweile schien sie besonders schnell zu verschwinden.

Ich glaube auch nicht, dass Langeweile per se etwas Schlechtes ist. Mir bringt sie oft ungeahnte Energie und Ideen. Wer also Angst hat, sich allein auf Reisen zu langweilen, sollte vielleicht eher seine Vorstellung von Langeweile überdenken. Wie Aldous Huxley richtig sagt, ist Langeweile doch eigentlich ein Zeichen der ultimativen Freiheit. Entweder gibt es endlose Möglichkeiten zur Unterhaltung, sodass man schlicht überfordert ist und am Ende gar nichts tut, oder es gibt zu wenige. Keine Arbeit, keine Verpflichtungen, keiner will was – wenn das mit ein bisschen Langeweile einhergeht, nehme ich die gerne in Kauf.

Viele machen den Status ihrer Langweile an anderen Menschen fest. Aber bist du allein denn nicht unterhaltend genug? Oder siehst du dich selbst als langweilige Person? Schade, aber dafür kann das Reisen ja nichts, oder?

Dass viele zu Hause ein erfülltes und nicht langweiliges Leben führen, aber glauben, dass sie die Langeweile unterwegs übermannen würde, verstehe ich nicht. Wenn du nicht gerade planst, zwei Wochen am Strand zu liegen und dich nicht vom Fleck zu bewegen, dann stehen die Chancen doch gerade auf Reisen richtig gut, dass du ganz viel machst. Sightseeing, wandern, schnorcheln, dich durch fremde Küchen futtern, verloren gehen, mit staunendem Blick durch ungewohnte Straßen laufen, Neues in dich aufsaugen. Wer hat da überhaupt Zeit, sich zu langweilen?

Am Ende eines so vollgepackten Tages kommst du in dein Hotel und freust dich gar über etwas Langeweile. Die wäre wirklich gut zum Luftholen und Energietanken. Aber nein, denn im Zweifelsfall stehen noch Dinner, Skinnydipping im Mondschein, Massage oder Sternschnuppenzählen auf dem Programm. Oder du fällst mit ungewohnt schweren Knochen in einen herrlichen Tiefschlaf. Das passiert nach einem Tag voller Reiseabenteuer. Und Reiseabenteuern ist es ganz egal, ob du sie allein oder im Pack bestreitest, ob sie lesend im Café sitzen oder durch den Dschungel wandern beinhalten – Reiseabenteuer sind, was immer du möchtest. Nur eins sind sie bestimmt nicht – langweilig.

Wo Fremde zu Freunden werden

Davon abgesehen, wie man mit der eigenen Langeweile umgeht oder lernt, die Einsamkeit auch mal auszuhalten, ist man auf Reisen eigentlich nie wirklich allein. Denn, genau, du hast es erraten – es gibt ja nicht nur überall Menschen zum Kennenlernen, sondern auch noch andere Reisende und, na klar, Alleinreisende.

Wer sich jetzt in Kindergartenzeiten zurückversetzt fühlt und Angst hat, den ersten Schritt zu tun, der kann beruhigt sein. Freundschaften unterwegs lassen sich so viel schneller und einfacher schließen als zu Hause. Auf Reisen kann eine Freundschaft für einen Abend halten, für ein paar lustige Nachmittage oder sich zum gemeinsamen Weiterreisen etablieren. Das nimmt den Druck; alles kann, nichts muss.

Ich habe unterwegs schon zahlreiche, ich nenne sie jetzt mal Bekanntschaften geschlossen, die mir wahrscheinlich für eine längere Freundschaft nichts gewesen wären. Aber für die Zeit, die wir hatten, war es toll. Wenn du jetzt ob meiner Oberflächlichkeit die Augen rollst, kann ich allerdings auch zahlreiche Leute aufzählen, die ich unterwegs kennengelernt habe und inzwischen als Freunde bezeichne. So oder so kommt mit dem Reisen eine unvergleichbare Leichtigkeit beim Kontakteknüpfen. Das festgefügte soziale Umfeld von zu Hause ist weg, genauso wie die Ansprüche und die großen Erwartungen.

Gerade wenn man allein ist, geht das mit dem Kennenlernen oft besser. Menschen, die sich auf Reisen begeben, sind ja per se offener und neugieriger auf die Welt und was sie zu bieten hat. Neulich war ich in einem kleinen Restaurant in Bangkok und habe die beste Pad Thai der Stadt gegessen. Es war Nachmittag, und ich war der einzige Gast, bis ein Kanadier reinkam. Er grüßte und fragte mich, wo ich denn herkäme, noch bevor er seine Nudeln bestellt hatte. Schon waren wir im Gespräch, und er erzählte mir von seinen Plänen, von Prag nach München zu fahren. Dann erzählte ich ihm von den hiesigen Billigfluggesellschaften, während wir einvernehmlich mampften. Danach zahlte ich, grüßte noch einmal und ging. Nein, wir sind keine Facebook-Freunde geworden, aber die Begegnung hat mich daran erinnert, wie schnell man gerade allein unterwegs Leute kennenlernt. Ob daraus ein unverbindliches Gespräch oder mehr wird, ist erst mal egal. Auch unverbindliche, nette Gespräche weiß ich zu schätzen.

Das Schöne am Bekanntschaften-unterwegs-Knüpfen ist die Tatsache, dass man davon ausgehen kann, dass andere auch Bekanntschaften knüpfen wollen. Wer nicht mit Partner oder Clique zusammensitzt, sondern mehr oder weniger starr das Handy fixiert, der ist mit Sicherheit allein, und die Chancen stehen gut, dass er sich über eine Kontaktaufnahme freut.

Wo man Leute unterwegs kennenlernt? Eigentlich überall – sprich mit deinem Sitznachbarn im Flugzeug, der Person neben dir an der Bar oder dem anderen Touristen, der genauso verloren wie du auf die fremden Straßenschilder starrt.

Mehrbettzimmer-Paradies

Der wohl beste Ort, um andere Reisende in Massen kennenzulernen, sind natürlich Hostels. Hier kann man sich sicher sein, auf Gleichgesinnte zu treffen. Nichts verbindet so schnell, wie sich gemeinsam über den Schnarcher im Schlafsaal aufzuregen, sich gegenseitig Zutaten zum Kochen zu leihen oder Erfahrungen über die Reiseroute auszutauschen. Reisende reden wahnsinnig gerne übers Reisen, was den Rest der Welt schnell nervt. Nicht so im Hostel – hier bist du sowohl mit Anekdoten als auch Fragen herzlich willkommen. Egal, ob Reiseneuling oder alter Hase, jeder findet seinen Platz. Was du auch möchtest – neue Bekannte für einen Kaffee, eine durchtanzte Nacht oder zur Weiterreise –, kannst du hier finden.

Wer aus dem Alter für Billigbier und durchtanzte Nächte raus ist, kommt hier trotzdem auf seine Kosten. Backpacking ist keine Frage des Alters mehr, und so sind auch Hostels heute nicht mehr nur auf Teenager und die, die sich noch so fühlen, ausgerichtet. Es gibt nicht nur die Geiz-ist-geil-Variante mit klapprigen Hochbetten, sondern auch eine ganze Anzahl von Design-Hostels mit schicken Einzelzimmern. Was sie gemein haben, ist, dass sie Reisende aus aller Welt zusammen und oft im wahrsten Sinne des Wortes an einen Tisch bringen. Wer Anschluss sucht, der wird hier fündig.

Gruppendynamik

Auf meiner ersten Gruppenreise durch Marokko war eine Nacht in der Wüste geplant. Zum Sonnenuntergang ritten wir auf Kamelen los, um den Abend mit Nomaden zu verbringen und in deren Zeltlager zu schlafen. Wir bekamen Tücher turbanartig um den Kopf geschlungen, dann ging es los. Natürlich kamen wir uns sehr verwegen vor, Abenteuer und Romantik pur – ach, wie aufregend! Im Nachhinein sah eigentlich nur Issam, unser Gruppenleiter, verwegen aus. Er hatte seine regulären Jeans gegen eine dunkelblaue Djelaba getauscht und sah auf einmal ganz wie der feurige Nomade aus. Lässig thronte er auf sei-

nem Kamel, die Zügel in einer Hand – ein richtiger Cowboy der Wüste.

Wir aßen, während wir im Schneidersitz rund ums Lagerfeuer saßen, lernten, auf marokkanischen Trommeln zu spielen und erzählten Geistergeschichten, als der Mond aufging. An Schlaf war nicht zu denken, und so war ich dankbar, als Issam zu mir kam und mich fragte, ob ich eine Führung durch die Oase wolle. Was soll ich sagen? Ich war schon immer diejenige, die Lehrern die meisten Fragen stellte und ganz dicht bei den Tour Guides lief, um ja nichts zu verpassen. Zu einer Privatführung konnte ich unmöglich nein sagen!

Dass unsere Führung im Stockdunkeln und durch den Sand stapfend stattfand, kam mir erst mal nicht weiter komisch vor. Als wir dann 50 Meter entfernt vom Camp haltmachten und uns in den Sand setzten, war ich schon ein wenig erstaunter. Das sollte es schon gewesen sein mit der Führung? Issam hatte andere Pläne und fragte mich dann auch sehr direkt: «Do you want to kiss me?» Ähem. Ich war verwirrt. Auch wenn ich es zu schätzen wusste, dass er erst mal fragte, kam mir das Angebot etwas zu abrupt. Ich war auf Exkursion und Lernerfahrung eingestellt und hatte nicht mit Romantik und einem lokalen Erlebnis der anderen Art gerechnet. Ich stotterte. «Well, I don't know. I don't even know how old you are. You could be 16 and I would get in trouble.» «Do I look 16?» Er sah mich sichtlich verwirrt und auch ein bisschen gekränkt an. Ab einem gewissen Alter möchte man wirklich nicht mehr für 16 gehalten werden. «No», gab ich zu, «but you could be 40!» Was daran nun schlimm sein sollte, erörterte ich nicht weiter. Dass ich schon einige 40-Jährige geküsst hatte und es eine absolut akzeptable Altersklasse für mich war, musste er ja nicht wissen.

Es stellte sich heraus, dass er 28 war. Nachdem dieses wichtige Detail geklärt war, war auch ich dem Küssen nicht mehr abgeneigt. Schließlich wäre es angesichts eines unglaublichen Sternenhimmels Verschwendung gewesen, es nicht zu tun.

Am nächsten Morgen schwangen wir uns auf unsere Kamele, zurück in die Zivilisation. Issam ritt hinter mir. Ich spürte seine Blicke in meinem Rücken und sein Kamel an meinem Bein, ab und zu stupste es mich liebevoll in den Oberschenkel. Jemand mochte mich wohl gerne.

Aus dieser Nacht entwickelte sich eine Affäre für den Rest der Reise und danach eine Freundschaft. Wir sehen uns auch heute noch, wenn ich nach Marrakech komme, und ich finde, es gibt nichts Besseres, als Freunde in einem fremden Land zu haben. Für wen das mit dem In-der-Wüste-Knutschen nichts ist, für den sind solche Gruppenreisen trotzdem eine super Gelegenheit, Leute kennenzulernen. Wem eine ganze Reise zu viel ist, für den gibt es an den meisten Orten zahlreiche Optionen an Tagestouren. Alle haben gemein, dass man Gleichgesinnte trifft, die am Land und dem, was es zu bieten hat, interessiert sind. Ich habe zudem die Erfahrung gemacht: Je kleiner die Gruppe und je spezialisierter die Aktivität, desto schneller kommt man in Kontakt.

Digitale Freunde

Das Internet hat sich nicht nur in unser Liebesleben geschlichen, sondern kann auch sehr nützlich sein, um unterwegs Freunde zu finden. Das geht manchmal ganz schnöde und mehr oder weniger unschuldig mit Tinder und noch besser mit Facebook-Gruppen. Viele große Reiseblogs haben heute nicht nur ihre eigene Seite, sondern auch Gruppen, in denen man Fragen zum Thema Reisen stellen kann und Gleichgesinnte trifft. Planst du eine Tour auf Bali und suchst noch Mitreisende oder möchtest mit einem Einheimischen ein Bier in Dublin trinken? In so einer Gruppe kannst du einfach einen Post mit deinem Anliegen schreiben. So lassen sich schon im

Vorfeld Kontakte knüpfen oder für Aktivitäten *last minute* Leute finden.

Wenn du dich online nicht mit Fremden verabreden möchtest, dann schau doch mal im Vorfeld, ob du Freunde hast, die am Reiseort Leute kennen. Sowohl in Kapstadt als auch in New York war ich ständig freiwilliger Reiseleiter für Freunde von Bekannten und Familie. Wenn ich heute irgendwo bin, wo ich keinen kenne, nehme ich das selbst auch in Anspruch. Denn so gerne ich mich mit anderen Reisenden austausche, geht doch nichts über Insider-Tipps von Einheimischen.

Die Kunst des Verlorengehens

«Suddenly you are five years old again. You can't read anything. You only have the most rudimentary sense of how things work; you can't even reliably cross a street without endangering your life. Your whole existence becomes a series of interesting guesses.»
BILL BRYSON

«Weißt du, wo dein Hotel ist?» Youssouf sieht mich fragend von der Seite an. Ich schüttele den Kopf und bin insgeheim sehr froh, dass er angeboten hat, mich nach Hause zu bringen, denn hier sieht wirklich alles gleich aus. Fünf Minuten später fragt er wieder. «Jetzt aber, oder? Hier sind wir doch schon vorbeigekommen, als ich dich abgeholt habe!» Diesmal traue ich mich kaum zu verneinen, denn ich weiß, die Kasbah von Marrakech ist sein Zuhause, und ich möchte ihn nicht beleidigen, indem ich ihm erkläre, dass diese Straßen ein einziges Labyrinth sind und es mir unbegreiflich ist, wie er es geschafft hat, als Kind nie verloren zu gehen.

Es dauert tatsächlich noch zwei weitere Straßen, bis ich die Moschee in Hotelnähe erinnere, und auch jetzt gilt es noch, die kleine Gasse, die zum Eingang führt, zu finden. In Marrakech muss man hart an seinem Orientierungssinn arbeiten, auch wenn man in einem schicken Fünf-Sterne-Hotel wohnt. Oder man nimmt sich eben einen Führer, der mit einem siebten Sinn für die gewundenen Gassen ausgestattet ist, sodass man nicht verloren geht.

Verloren gehen oder verloren sein ist für viele eine Urangst. Eine unbegründete Ansgt, denn die Wahrscheinlichkeit, dass man verloren geht und nie wieder gefunden wird, ist in unserer vernetzten Welt doch sehr klein. Aber das ist auch die Wahrscheinlichkeit, vom Hai gebissen zu werden, und trotzdem hält sie viele vom Wasser fern. Apropos, unter Wasser würde ich auch regelmäßig verloren gehen, hätte ich keinen Tauchführer dabei. Ich habe zwar einen Kurs in Unterwassernavigation gemacht, und einen Kompass habe ich auch, aber das hilft nicht viel. Koralle links, Koralle rechts – die sehen für mich alle gleich aus, sodass sie mir keine nennenswerte Orientierungshilfe bieten. Neulich habe ich ein kopfloses Huhn unter Wasser treiben sehen. Das wäre als Orientierungshilfe an sich toll gewesen, weil man

so was ziemlich selten sieht. Nur sind bewegbare Dinge natürlich nicht wirklich gut geeignet, daher musste ich mich auch da weiter auf kundige Führer verlassen.

So oder ähnlich geht es vielen auch über Wasser. Wie komme ich von A nach B und gehe unterwegs nicht verloren und Ende bei Z? Es soll ja sogar Leute geben, die es schaffen, sich trotz Google Maps oder Karte zu verlaufen. Wenn man dem Irrglauben aufsitzt, dass es dank Google Maps keine weißen Flecken mehr auf der Welt gibt, dann passiert es erst recht. Um die App nutzen zu können, braucht man nämlich 3G oder WLAN, und beides funktioniert nur bedingt an Orten wie der verwinkelten Medina von Marrakech oder anderen wuseligen Ecken. Und manchmal scheitert die Orientierung auch schlicht an der Kommunikation. Wer sagt, dass man sich in-

ternational auch mit einem Lächeln verständigen kann, der hat noch nie versucht, in Vietnam nach dem Weg zu fragen. Oder einem Taxifahrer in Bangkok zu sagen, wo er langfahren soll.

Verloren gehen kann man also immer. Was da hilft? Geduld und ein bisschen Humor. Eine Karte, die auch ohne WLAN oder Elektronik funktioniert, und ein paar Grundkenntnisse in der Landessprache. «Links» und «rechts» sagen zu können, erleichtert einem das Leben! Wenn du mit dem Taxi unterwegs bist, dann hab einen Zettel mit deiner Zieladresse in der Landessprache dabei.

Wenn du eine lokale SIM-Karte hast, ist deine beste Option Uber. Bei einem erneuten Besuch in Bangkok habe ich festgestellt, wie sehr diese App einem das Leben erleichtert, wenn man eine Stadt nicht kennt und nicht kommunizieren kann, da der Fahrer die Route übermittelt bekommt. Wenig Freiraum, um verloren zu gehen.

Das ist ja genau das, was wir uns wünschen, oder? Anzukommen. Nicht verloren zu gehen und sich erst recht nicht verloren zu fühlen. Doch es gibt auch Momente, in denen es nichts Schöneres gibt. Denn manchmal lässt sich die wahre Seele eines Ortes erst finden, wenn man sich komplett darin verliert. Wenn man die Komfortzone hinter sich lässt und im wahrsten und übertragenen Sinne des Wortes verloren ist. *Lost in Translation*. Das habe ich zum ersten Mal richtig in Marrakech gespürt, und zunächst hatte auch ich Angst davor. Genug, dass ich zu Hause, in meinem kleinen Riad, bleiben und den Tag Tee trinkend auf dem Dach verbringen wollte. Da war es schön, und da fühlte ich mich sicher. Aber gleichzeitig zog mich die Welt draußen in ihren Bann. Kinderlachen, der Ruf des Muezzins, der Geruch von Orangenblüten und Zucker, ein warmer Wind, der durch die Gassen wehte. Jedes Mal, wenn ich in die Stadt komme, sitze ich erst mal da und möchte mich nicht bewegen, möchte meinen sicheren Unterschlupf nicht verlassen. Bis ich dem Ruf der Stadt nicht mehr widerstehen kann.

Beim ersten Mal war ich vorbereitet. Ich wollte zum Hammam und hatte mir genau eingeprägt, wie ich da hinkommen würde. Alle Ecken und Winkel hatte ich im Kopf, und so zog ich los, die Karte tief in meiner Handtasche versenkt, ich wollte ja schließlich nicht wie ein typischer Tourist aussehen. Mein wirrer Blick und die Tatsache, dass ich ein und dieselbe Straße mehrmals auf und ab ging, haben mich dann wohl verraten. Ich war eine Touristin, und ich war definitiv verloren. Da war ein Schild für den Hammam, und dann? Ein junger Verkäufer erbarmte sich meiner – ob er mir helfen könne? In gebrochenem Französisch nannte ich ihm den Namen des Hammams, und er zog mit mir im Schlepptau los. Durch einen kleinen Torbogen von der großen Gasse ab und anschließend durch ein Labyrinth von immer kleiner werdenden Gässchen. Ein bisschen mulmig war mir das Ganze, aber aufgeben kam nicht in Frage. Ich wollte geschrubbt werden. Nach ein paar Minuten und zahlreichen Links- und Rechtsumdrehungen – *et voilà!* Ich dankte dem Mann, und er zog von dannen. Erst später lernte ich, dass die meisten Wegweiser ein Trinkgeld erwarten.

Zurück würde ich schon allein finden, es gab nur einen Weg aus dem Labyrinth. Die große Gasse hatte ich mir gut gemerkt, denn durch die ging es auch zu einem Museum, das ich am nächsten Morgen besuchen wollte. Das war der Plan, und diesmal war ich zuversichtlich, nicht verloren zu gehen. Bis ich loslief. Wer käme schon drauf, dass die Straßen am frühen Morgen anders aussehen als am späten Nachmittag? Meine «Wegweiser» – eine blaue Markise hier, ein Stand mit alten Taschen dort – waren weg. Oder besser gesagt, noch nicht da. Ich irrte wieder durch die Gassen.

Wie ich den Weg dann doch fand, weiß ich nicht mehr. Es scheint mir jetzt, dass man in Marrakech zwar wunderbar verloren gehen kann, aber nie lange verloren bleibt. Und wenn man das erst mal akzeptiert hat, fühlt es sich herrlich an! Auf einmal fühlte ich mich wie ein Entdecker. Hier gab es sie noch, die weißen Flecken auf meiner ganz persönlichen Landkarte. Hier bekam die Redewendung «Der Weg ist das Ziel» eine ganz neue Bedeutung.

Während ich das richtige Verlorengehen meistens noch aufregend und nur manchmal nervig finde, sind es eher die Momente des Sich-verloren-Fühlens, die mir zu schaffen machen. Wenn man eben nicht mit einem Lächeln weiterkommt. Wenn ich mich auf einmal allein und isoliert fühle und gern einen vertrauten Menschen dabei hätte. Das ist ein Gefühl, das für mich das Beste und gleichzeitig das Schlimmste am Reisen definiert. Es hat wenig mit dem Land oder mit der Situation, sondern alles mit meiner Tagesform zu tun. Manchmal liebe ich die Anonymität, das Verlorensein, denn ich weiß, es birgt meistens ein Abenteuer. An anderen Tagen will ich kein Abenteuer. Da will ich Essen, von dem ich weiß, was es ist, eine Unterhaltung in einer Sprache, die ich kenne, und eine Massage ohne «Happy Ending».

Das wollte ich zumindest neulich in China. Immerhin ist China die Hochburg der Akupressur, und das wollte ich mir genauso wenig wie eine große Portion Dumplings entgehen lassen. Chongqing ist zwar eine Stadt mit 30 Millionen Einwohnern, aber wenig bekannt bei westlichen Touristen. Ich wurde auf der Straße angestarrt, und mir wurden fremde Babys in den Arm gedrückt, um schnell ein Foto zu machen. Die wenigsten Schilder waren auch in Englisch. In weiser Voraussicht hatte ich mir nicht nur den Weg zur Massage beschreiben, sondern auch den Namen in Schriftzeichen aufschreiben lassen. Das half jedoch nicht viel, und so stand ich irgendwann fragend mit meinem Zettelchen in einer fremden Hotellobby. Ich wurde in den 4. Stock geschickt, und zum Glück schien ich richtig zu sein, denn auch wenn das Innere mehr wie ein Nachtclub aussah, gab es hier Schilder mit Bildern von Füßen und Akupressurpunkten. Ich zeigte auf so ein Fußschild und wurde in einen Raum geführt. Ein großes Samtbett auf dem Boden, Spiegel an den Wänden, und mir wurde ein zweiteiliges rosa Kittelchen gereicht, das ich anziehen sollte. Zunächst erschien mir das ganze nur seltsam, doch als die Masseurin reinkam, wurde ich besorgt. Minirock, tiefer Ausschnitt und sehr, sehr hohe Absätze – sie hatte so gar nichts von den Masseurinnen, die ich aus Thailand kannte.

Ich schluckte meine Zweifel ob ihres Aussehens und den verspiegelten Wänden runter und zwängte mich in das rosa Leibchen, die Hose wollte nicht passen. Dann lag ich da und harrte gespannt der Dinge. Wie ich es schaffte, ihr verständlich zu machen, dass ich zwar eine Fußmassage wollte, sie aber vorsichtig mit meinem Knöchel sein sollte, da ich vor ein paar Wochen umgeknickt war, weiß ich nicht mehr. Mit Händen, Füßen und Grimassen ging es irgendwie.

Es war zum Glück keine «Happy-Ending»-Massage, aber sie hatte definitiv einen guten Ausgang. Nicht nur meine Füße fühlten sich anschließend toll. Wenn ich mich allein in einer chinesischen Metropole zurechtfand, was sollte da noch schiefgehen?

Dann kam ich nach Xi-An. Ich dachte, es würde noch einfacher werden. Immerhin ist Xi-An bekannt für die Terrakotta-Armee und kein unbekanntes Terrain für Besucher. Doch dass eine Touristenattraktion noch keine Garantie für irgendwas ist, merkte ich schnell. Der Taxifahrer schien verlorener als ich und ließ mich schließlich 20 Minuten Fußweg von meinem Hostel entfernt raus. Nach insgesamt einer Stunde Sucherei war ich dann da, mein Koffer und ich gleichermaßen müde.

Aber aufgeben wollte ich nicht, denn schließlich galt es, noch mehr Dumplings zu essen, und wo das

Dumplinghaus war, wusste ich immerhin schon. Drinnen am Tresen sah es ein bisschen aus wie bei McDonald's. Eine Speisekarte, von Neonröhren beleuchtet, mit kleinen Bildern und Preisen versehen, hing hinter der Verkäuferin. Wohl oder übel musste ich die Dumplings nach ihrem Äußeren beurteilen und wählte auf gut Glück eine gemischte Portion aus Grün, Rot, Weiß. Ich vertraute darauf, dass Hühnerfüße nicht in einen Dumpling passen. Und weil ich auch Chicken McNuggets esse, fand ich nicht, dass ich mich sonst über irgendeine Füllung beschweren könnte.

Dann saß ich in der kantinenartigen Halle und aß meine Dumplings. Lecker! Ich war stolz auf mich und meine Bestellkünste. Mein Selbstbewusstsein war gestärkt, und so zog ich los auf der Suche nach Massage Nummer 2. Mein Hostel hatte mich in eine grobe Richtung geschickt, und ich machte mich voller Zuversicht auf.

Diesmal kam ich nicht weit. Auch wenn ich meinen Weg mit Hilfe der Hotelkarte fand, gab es den Massagesalon nicht. Ich fragte wieder und wieder, machte knetende Handbewegungen und erntete fragende Blicke. Alle waren freundlich, alle wollten helfen, aber keiner verstand mich. Ich wusste nicht, ob ich heulen oder einfach nur aufgeben sollte.

Schließlich fand ich ein anderes Hostel, wo ein Mädchen an der Rezeption genug Englisch sprach, dass wir uns verständigen konnten. Nein, die Massage in der Nähe würde sie nicht empfehlen. Aber hier, sie begann eifrig auf der Karte zu kritzeln, der Salon sei gut. Nein, laufen sei zu weit, ich solle lieber ein Taxi nehmen. Ich seufzte. Noch eine Taxifahrt ins Ungewisse, und was, wenn die Masseurin diesmal meinen Fuß nicht so schonend behandeln würde? Da hatte ich einen Geistesblitz – ob sie mir wohl bitte eine Notiz schreiben könnte, damit die Masseurin vorsichtig mit meinem Knöchel sein würde.

Mein Fuß tut weh, bitte mach ihn besser! Sie las mir den Zettel noch einmal vor, und ich war gerührt. Mit dem Wissen, dass sich eine Fremde in Mandarin um meinen Fuß sorgte, fühlte ich mich gleich weniger verloren.

Auch diesen Massagesalon fand ich nicht. Dafür fand ich einen 7-Eleven und Bier. Der war unverkennbar mit seinem orange-grünen Schriftzug, auch wenn ich nicht lesen konnte, was draufstand. Mit dem Bier saß ich dann in meinem Hostel und bewunderte China von der Dachterrasse aus.

Seitdem denke ich oft darüber nach, wie das so ist mit dem Verlorengehen auf Reisen. Ich glaube, es ist mein Liebstes und mein Schlimmstes – je nach Tagesform. Das Leben ist wie eine Pralinenschachtel und so, manchmal erwischt man eine mit Nougat und dann leider auch eine mit Marzipan. Aber egal, wie verloren ich mich fühle, habe ich erkannt, dass ich verloren irgendwie am meisten ich bin. Manchmal muss man eben verloren gehen, um sich selbst zu finden. Und manchmal reicht es schon, das als Teil des Abenteuers zu sehen. Wenn alles neu, alles aufregend und alles anders ist – in guten wie in schlechten Zeiten.

Sharing is caring

«Sharing is caring», sagte schon Barney, der lila Dinosaurier aus dem amerikanischen Kinderfernsehen. Bei diesem Prinzip muss es nicht zwangsläufig um Spielzeug und Süßigkeiten gehen. Es kann genauso gut das Sprichwort «Geteiltes Leid ist halbes Leid» reflektieren, und damit tut man sich oft schwer, wenn man allein unterwegs ist. Zusammensein ist zwar keine Garantie fürs Glücklichsein, aber oft ist es einfach praktischer. Dann hast du jemand, der auf die Tasche aufpasst, wenn du aufs Klo musst, den du anmeckern kannst, wenn du dich verfahren hast, und der dir die Haare aus dem Gesicht hält, wenn dann doch der *Delhi Belly** zuschlägt. Ich gebe zu, dass ich gerade in solchen Situationen gerne jemanden an meiner Seite habe. Um mich auszuheulen oder mir Nudelsuppe bringen zu lassen, wenn es mir schlecht geht.

Wenn man allein unterwegs ist, hilft nichts beziehungsweise nur Augen zu und durch. Pack deinen Koffer so, dass du ihn eben selbst tragen kannst. Wenn du nicht gerne Auto fahren möchtest, dann buch dir einen Fahrer. Pack dir eine Notfallapotheke ein und sei nett zu den Hotelangestellten, damit dir im schlimmsten Fall jemand Suppe bringt. Vor allen

---

* Eine Durchfallerkrankung, die besonders oft Reisende in Asien, Südamerika und Afrika trifft und meistens durch Bakterien hervorgerufen wird. Um diese zu verhindern, ist es ratsam, nur gekochtes Essen aus sauberen Küchen und abgekochtes Wasser zu dir zu nehmen.

Dingen mach dir bewusst, dass du stark bist und vermutlich mehr kannst, als du denkst.

Natürlich gibt es immer Dinge, die anderen leichter von der Hand gehen als einem selbst. Das heißt aber nicht, dass es so bleiben muss. Es ist doch okay, wenn es mal länger dauert mit dem Kartelesen, dem Essen-auf-Spanisch-Bestellen oder mit dem Neue-Leute-Kennenlernen. Ist doch egal, Hauptsache du versuchst es! Alleinreisen ist eine tolle Motivation, sich nicht nur neue Fähigkeiten anzueignen, sondern auch alte Verhaltensmuster zu überdenken. Es ist doch irgendwie schön zu wissen, dass man im Zweifelsfall auch allein klarkommt.

Wenn ich mich damit aber nicht auseinandersetzen will, freue ich mich über Begleitung auf Reisen. Ich bin gerne in einer Gruppe unterwegs, nicht, damit ich Gesellschaft beim Essen oder eingebaute Freunde habe, sondern damit sich jemand um die Logistik kümmert. Wie komme ich am besten von A nach B in einem Land, in dem ich die Landessprache nicht spreche? Wie vermeide ich, vom Taxifahrer übers Ohr gehauen zu werden, und wie weiß ich, von welchem Gleis mein Zug abfährt? Das sind Fragen, die mich nachts nicht schlafen lassen, auch wenn mir noch nie etwas Schlimmes passiert ist. Kein Taxifahrer hat mich betrogen (zumindest nicht so, dass es mir aufgefallen wäre), ich bin noch nie unterwegs abhanden gekommen und immer irgendwie am richtigen Ort gelandet. Trotzdem bereitet mir so was auf jeder Reise erneut Sorgen, und ich bin dankbar, wenn das jemand für mich übernimmt.

In Malaysia war ich allein, ohne Gruppe unterwegs, und so musste ich mich selbst organisieren, als ich auf die Trauminsel Tioman wollte. Vom Hotel zum Busbahnhof, in den Nachtbus und dann zum Fährableger. Ein paar Stunden später im Morgengrauen mit der Fähre zur Insel und dann mit dem Schnellboot weiter zu meinem Resort. Jedes Mal neu anstehen, Tickets kaufen, den richtigen Bus bzw. die richtige Fähre erwischen und zwischendurch mit einem Rucksack und einer Tasche voller Tauchgepäck von einem Schalter zum nächsten. Das Ganze mitten in der Nacht in einem Land, dessen Sprache ich nicht sprach. Ich kam heil und mit all meinem Gepäck auf Tioman an.

Bei allen neuen Dingen versuche ich mich daran zu erinnern, dass erst Übung den Meister macht und dass ich mich an Neues in meinem eigenen Tempo herantasten kann. Das ist ja das Schöne am Alleinreisen – es steht keiner neben dir und verdreht genervt die Augen, wenn du etwas länger brauchst, um mit deinem Schulfranzösisch die Karte zu entziffern. Nimm dir also Zeit und schraub deine Erwartungen runter. Bei mir heißt das im Umkehrschluss, ich darf so viel und so lange im Voraus planen, wie ich will. Logistik in fremden Ländern bereitet mir Sorgen, nicht ganz genau zu wissen, wie ich wohin komme, macht mich nervös. Erst recht, wenn ich morgens um vier irgendwo an der malaysischen Küste ein Fährticket kaufen muss. Andere machen das mit links, und das finde ich bewundernswert. Sie schwingen sich aufs nächste Tuk-tuk, der Preis wird schon irgendwie klargehen, oder quetschen sich neben einen Korb lebender Hühner im lokalen Bus, und los geht's! So spontan bin ich nur, wenn ich einen Reisegenossen dabeihabe, der mit dieser schönen Eigenart auf mich abfärbt.

Bin ich allein unterwegs, plane ich. Dann habe ich mehrere Internet-Foren besucht und weiß ganz genau, welcher Taxifirma ich vertrauen kann und welche ich lieber meide. Habe Tickets wenn möglich online gebucht und plane eben, bis sich die Schmetterlinge in meinem Bauch beruhigt haben. Doch so langsam werde selbst ich spontaner. Neulich habe ich mich tatsächlich ungeplant im Morgengrauen am Flughafen in Colombo in ein Taxi geschmissen. Nicht nur kam ich gut und relativ günstig an, ich habe auch wunderbar zwei Stunden auf der Rückbank des Minibusses geschlafen. Reisen und Spontanität kann man eben auch üben – solange man den Perfektionsanspruch hintenanstellt.

Manchmal nützt alles nichts und man braucht unterwegs Hilfe, emotional oder praktisch. Da hilft nur eins – Leute kennenlernen. Oder noch besser, einfach mal die gute alte Kinderweisheit über Bord werfen und doch mit Fremden sprechen. Es gibt überall Menschen, die einen ausnehmen und einem eventuell Böses wollen. Aber das ist die Minderheit. Der Großteil der Menschen ist freundlich und hilfsbereit, und je mehr ich daran glaube, desto mehr manifestiert sich das auf meinen Reisen. Das Schlimmste, was mir bisher passiert ist, war, dass ich in die falsche Richtung geschickt wurde. In einigen Kulturen ist es halt unhöflicher, einem Fremden gar nicht zu helfen, als ihn ein paar Mal um den Block zu schicken. Ein bisschen nervig ja, aber böse? Mitnichten.

Gerade in Nationen, die vermeintlich so viel ärmer sind als wir, habe ich nichts als Freundlichkeit und offene Türen erlebt. Dazu noch eine Herzlichkeit, die gerade uns Deutschen oft erst mal fremd ist. Manchmal glaube ich, dass wir verlernt haben, dass es okay ist, um Hilfe zu bitten. Dass wir nicht schwach erscheinen wollen oder den Anschein erwecken, wir könnten etwas nicht. Wie oft schon habe ich meine tausend Taschen selbst durch die Hotellobby geschleppt. Selbst ist die Frau, es war mir irgendwie peinlich, dass ein Portier sich für mein Vergnügen einer schönen Urlaubsgarderobe abschleppen sollte. Bis ich mal mit einem gesprochen habe. Der sagte mir, Koffertragen sei sein Job, den er auch gerne behalten wollte. Seitdem tue ich meinem Rücken einen Gefallen und nehme Hilfe in Anspruch. Manchmal bezahl ich dafür, und manchmal frage ich einfach nur nett. Die Antwort ist eigentlich nie nein.

Als ich allein auf den Seychellen war, war in der Nebensaison viel geschlossen, und so tauchte ich auf La Digue fast jeden Abend im selben Restaurant auf. Der Weg war nicht weit, aber stockdunkel und ein bisschen unheimlich. Am zweiten Abend sah ich, dass die Bewohner der anderen Bungalowhälfte auch wieder da waren. Ich nahm meinen Mut zusammen und fragte, ob ich gemeinsam mit ihnen nach Hause laufen könnte. Na klar, und nicht nur das, denn zu Hause angekommen teilten wir uns den mitgebrachten Whisky als Absacker von einem Balkon zum nächsten.

Aber nicht nur um Unangenehmes zu teilen, ist das Reisen zu zweit manchmal schöner. Wir teilen ja auch schöne Erlebnisse. Die «Guck-mal-da!»-Momente und das Revue-passieren-Lassen des Tages beim gemeinsamen Aperitif zum Sonnenuntergang. Das fehlt sogar mir, wenn ich allein unterwegs bin. Andere Passanten sind oft nur mäßig an meinen Gefühlsausbrüchen interessiert, wenn ich mich über die Gans vor dem Geldautomaten oder einen Affen auf der Mauer freue. Wie schade!

Wie also teile ich, wenn keiner zum Teilen da ist? Schon die ersten Weltreisenden haben vorgemacht, wie das geht, wenn man nur sich selbst zum Erzählen hat – sie haben Reisetagebuch geschrieben. Auch wenn ich die Vorstellung eines in Leder gebundenen Büchleins mit Goldschnitt mag, ist die von mir favorisierte Form ein Blogpost, die Online-Variante eines Tagebuchs. Beim Tagebuch kommen vielleicht noch Eintrittskarten und andere Dinge, die man einkleben kann, dazu, beim Blogpost neben Gedanken und Erlebnisberichten Fotos. Egal, ob du eher der nostalgische Typ oder technikaffin bist, ein Solotrip ist die perfekte Gelegenheit, deine Gedanken mehr oder weniger unzensiert «zu Papier» zu bringen. Schreiben kann jeder, und ob du deine Worte für dich behältst oder mit der Welt teilen möchtest, ist ganz dir überlassen.

Wenn du deine Gedanken mit einer bestimmten Person teilen möchtest, dann greif zur guten alten

Postkarte oder der neuen digitalen Form. Mit der Funcard-App der Deutschen Post kannst du deine eigenen Fotos mit Text versehen und als gedruckte Postkarte verschicken lassen.

Bei mir hat sich Dank WhatsApp zudem ein Erlebnisse-Teilen der anderen Art eingeschlichen. Ich schicke eigentlich ständig Fotos, Hallos und Momentaufnahmen an alle meine Freunde. Das sind keine langen Texte oder zusammenhängenden Unterhaltungen. Ohne besondere Form oder Plan schicke ich einfach ein Bild, wenn ich so einen «Guck-mal-da!»-Moment habe und an jemand Besonderen dabei denke. Mein Freund bekommt Fotos von Insekten und Vögeln, für die er sich interessiert, mein Papa Fotos von seiner «Kleenen», meine Freundin Marie lustige Anekdoten, die mich an gemeinsam Erlebtes erinnern. Das sind unretuschierte Bilder, unzensierte Gedanken und unkorrigierte Worte, die durch ihre Schnelllebigkeit auch über die Ferne eine Verbindung schaffen.

Dazu steht einem das heute übliche technologische Arsenal von E-Mails, Instagram, Facebook und Skype zur Verfügung. Aber manchmal reicht selbst das nicht. Manchmal muss man eben doch einen lustigen oder traurigen Moment allein genießen oder überstehen. Denn oft genug geht der Witz im Nachhinein verloren, und während man jemandem noch die Anekdote erzählt, merkt man an dessen Nichtreaktion, dass der Moment wohl doch nur live funktionierte. Man hätte eben dabei sein müssen. Mir hilft dann nur eins: Ich muss mir bewusst machen, dass ich mich glücklich schätzen darf, den Moment überhaupt erlebt zu haben. Dabei gewesen zu sein. Wäre ich zu Hause geblieben, hätte es den Moment überhaupt nicht gegeben.

Als ich mit sechzehn zum ersten Mal in Kapstadt war, war es Liebe auf den ersten Blick. Das war mein Land, und es fühlte sich sofort mehr wie zu Hause an, als es Deutschland je getan hatte. Ich saß mit meiner Schwester im Garten meiner Tante. Zum Frühstück gab es aufgebackene Croissants und frische Mango, ein Frühstück, wie es das noch nicht mal am Sonntag zu Hause gab. Ich starrte die ganze Zeit nur in den Himmel. Die Farbe hier war anders – so einen unglaublich blauen Himmel hatte ich noch nie gesehen. «Der Himmel hier ist anders», verkündete ich meiner Schwester, «er ist blauer als blau!» Sie sah kurz von ihrem Kaffee zum Himmel hinauf und schüttelte den Kopf. «Ach was», sagte sie, «er ist einfach nur blau.»

Der Moment, der diesem Wortwechsel folgte, war ernüchternd. Meine gerade noch komplette Glückseligkeit verwandelte sich in das Gegenteil. Ich fühlte mich unverstanden. In diesem Moment lernte ich, dass Zweisamkeit unterwegs keine Garantie fürs Glücklichsein ist. Manchmal können wir den perfekten Moment nicht teilen, sondern ihn nur allein genießen. Manche Momente sind zu kostbar, um davon auch nur ein Stückchen abzugeben.

Alles hat seinen Preis

Aber was kostet das nur? Kind, ist das nicht schrecklich teuer? Diese indiskreten Fragen bekommt man leider oft zuerst um die Ohren geworfen, wenn man sagt, dass man weg will. Wir Deutschen reden gerne und ohne Scham über Geld. Das hat sein Gutes, wirkt auf den Empfänger aber meist einfach nur neugierig und aufdringlich. Die Frage hat einen Unterton: Wieso kannst du dir das leisten und ich mir nicht? Luxus – materieller Art oder der, einfach nur mal gar nichts zu tun – ist verpönt.

Trotz einer neuen Generation, die stolz ihre Cocktails-am-Strand-Fotos über Facebook in die Welt verstreut, ist es uns nicht selten unangenehm, wenn wir dabei ertappt werden, es uns gutgehen zu lassen. Es war ein Schnäppchen oder man habe hart um den Preis gefeilscht, wird dann abgewiegelt. Es scheint, dass die Deutschen ein Problem damit haben, sich etwas zu gönnen. Es gibt nicht ohne Grund keine adäquate Übersetzung für *La Dolce Vita*.

Beim Alleinreisen kann man nicht mehr abwiegeln, da wissen alle: Das ist teuer. Zumindest alle, die noch nie allein gereist sind. Die teilen dann vorlaut ihre Meinung mit der Welt und machen denen Angst, die es gerne trotzdem mal versuchen möchten.

Und jetzt komme ich auch noch und sage dir: Sorry – sie haben recht. Dass Alleinreisen teurer ist, als zu zweit oder in einer Gruppe zu fahren, kann ich leider nicht widerlegen. Man kann sich weder Hotel- und Taxikosten mit jemandem teilen noch die

gemischte Meeresfrüchteplatte für zwei. Auch keine Sonnenmilch in der Familiengröße oder die Villa am Strand. Und mit einer kleinen Gruppe hat man oft eine bessere Grundlage, um Discounts für Eintrittskarten und Touren vor Ort zu verhandeln. Nein, es tut mir leid, Alleinreisen ist einfach teurer. Das heißt aber nicht, dass es teuer sein muss.

Prinzessin auf der Erbse

Zum Glück scheint der ungeliebte Einzelzimmerzuschlag langsam am Aussterben zu sein. Dafür muss man heute leider in den meisten Hotels ein Doppelzimmer nehmen, egal ob man allein oder zu zweit ist.

Wer das nicht will, der muss das Teilen lernen. Im Hostel sind Mehrbettzimmer sowieso die Norm, und bei alternativen Unterbringungsmöglichkeiten wie Homestays und Couchsurfing wohnt man zumindest mit anderen in einer Wohnung, wenn man sich nicht ein Zimmer teilt. Gruppenreisen sind eigentlich immer auf Doppelbelegung ausgelegt. Wenn du allein reist, wird dir ein Zimmerpartner zugewiesen, und du bezahlst nur extra, wenn du auf einem Einzelzimmer bestehst.

Die Privatsphäre ist damit zwar etwas limitiert, aber du bekommst dafür neue Kontakte direkt mit aufs Zimmer geliefert. Mit denen kann man sich dann auch die Sonnenmilch und die Meeresfrüchteplatte teilen.

Holzklasse

Beim Transport geht nichts über die öffentlichen Verkehrsmittel. Eigentlich logisch. Mit Bus und Bahn reist es sich fast überall billiger und umweltfreundlicher als mit dem Auto. Oft ist es auch die authentischere Art und Weise zu reisen. Die besten Reiseerlebnisse hat man auf einer harten Holzbank, umringt von Einheimischen, nicht auf der weichen Rückbank einer Limousine. Öffentliche Verkehrsmittel sind nicht nur ein billiges Fortbewegungsmittel, sondern können auch gleichzeitig Kulturerlebnis sein.

In Sri Lanka machte ich den typischen Touristenfehler, mir ein Zugticket für die erste Klasse zu buchen. Das kostete mit zehn Dollar zwar keine Unsumme, aber immerhin den fünffachen Preis vom regulären Ticket. Die Aussicht auf Klimaanlage und eine Sitzplatzreservierung ließ mich großzügig sein.

Der Zug fuhr ein, und die Vorzüge der ersten Klasse endeten bei der schicken Uniform des jungen Schaffners. Die Sitze waren durchgesessen und das Abteil runtergerockt. Eine Platzreservierung brauchte ich nicht, denn wir waren nur zu sechst, und jeder konnte zwei Sitze haben. Dass es eine Klimaanlage gab, bemerkte ich erst, als ich den Zug verließ und mich die wahre Hitze traf, einen Schweißabdruck hatte ich trotzdem auf meinem Sitz hinterlassen. Zum Glück dauerte die Fahrt von Galle nach Colombo nur drei Stunden, sodass ich das Klo nicht ausprobieren musste.

Beim Aussteigen konnte ich kurz in die zweite Klasse spähen. Offene Fenster, aus denen lachende und weniger schwitzende Gesichter hingen, und trotz mangelnder Platzreservierungen gab es genug Platz für alle. Ich wollte mein Geld zurück, denn was für eine Verschwendung von acht Dollar!

Auch in Thailand fährt es sich am billigsten mit dem Nachtzug. Der ist gemütlich und hat zwar ein Plumpsklo, was einiger Übung bedarf, aber nettere Schaffner und besseres Essen als die Deutsche Bahn. Das Bier wird zwar nicht gekühlt, aber in einem Eimer auf Eis serviert. Abgerechnet wird nach Bedarf, die Schaffner wissen schon, dass man auf einem Bein schlecht steht.

Wenn ich doch mal ein Taxi brauche, dann bin ich ein großer Fan von Uber & Co. Bei diesen Anbietern bucht man per App, und sie sind meistens günstiger als reguläre Taxis. Dazu kommt in einigen Städten auch noch eine neue Funktion, mit der man eine Fahrt teilen kann. Die App stellt eine passende Fahrgemeinschaft zusammen, und du zahlst nur einen Teil dessen, was es sonst kosten würde. Und das Gute? Auch wenn sich kein Mitfahrer findet, zahlst du den günstigeren Preis.

Achte bei regulären Taxis darauf, dass der Taxameter eingestellt wird. Das wird in vielen Ländern für Touristen gerne vergessen. Wenn sich der Fahrer darauf nicht einlässt, dann verhandle unbedingt einen Preis, bevor du einsteigst. Natürlich gilt auch hier Angebot und Nachfrage. Preise steigen, je mehr es regnet, an Feiertagen oder zur Rushhour.

Tipps für Sparfüchse

Der beste Spartipp, ob man allein reist oder nicht, ist simpel: Reise, wenn andere es nicht tun. Nebensaison heißt das Zauberwort, und das gilt sowohl für das eigene als auch das Reiseland. Vermeide je nach Bundesland die Schulferien und checke, wann im Reiseland Neben- oder zumindest Zwischensaison ist. Dann sind nicht nur die Flüge billiger, sondern auch die Hotels. Es lassen sich besonders gute Angebote finden, und das macht man am besten direkt vor Ort. Zimmerpreise lassen sich besser verhandeln, wenn man sieht, dass das Hotel halb leer ist.

Auch während der Regenzeit gibt es in den meisten Ländern noch genug Sonnenstunden, im südafrikanischen Winter 25 Grad, und Lappland hat auch im Sommer viel zu bieten. Das Schöne an der Nebensaison sind nicht nur die Preise, sondern auch ein besserer Service. Ich habe den Eindruck, überall auf der Welt freut man sich mehr über Touristen, wenn diese in kleinen Mengen auftauchen.

Egal, wann du reist, vergleiche Preise vom Hotel mit denen von Buchungswebseiten wie Booking.com oder Agoda. Oft gibt es dort nämlich dasselbe Zimmer für weniger. Wenn die Stadt gerade nicht überlaufen ist wegen Hochsaison oder einer Messe und du für einen längeren Zeitraum bleiben willst, dann lohnt es sich oft, einfach nett nach einem Discount zu fragen. Dasselbe gilt für Barzahlung. In vielen südostasiatischen Ländern werden häufig sogar automatisch ein paar Prozent bei Kreditkartenzahlung draufgerechnet.

Die größte Ausgabe einer jeden Reise ist meistens der Flug. Da kann man zwar auf Business Class verzichten, aber ansonsten lässt sich hier wenig sparen. So scheint es zumindest. Ich selbst buche nach wie vor gerne in einem Reisebüro. Auch wenn man dort eine Gebühr bezahlen muss, bekomme ich oft die besten Deals. Die Experten kennen Routen und Reisezeiten, die man allein im Internet nicht gefunden hätte und die oft genug die Kosten des Reisebüros wieder wettmachen. Außerdem gibt es nichts Schöneres, als jemanden zu haben, den man anrufen kann, wenn man gestrandet am Flughafen steht, seinen Flug umbuchen möchte oder wissen will, wo es die besten Plätze in der Economy gibt.

Wer doch lieber selbst sucht, dem kann ich Suchmaschinen wie Skyscanner und Momondo empfehlen. Die günstigsten Flüge findest du übrigens circa zwei Monate im Voraus, bei Langstrecken auch gerne mal fünf Monate früher. Wenn du online buchst, dann lösch vorher noch mal deinen Browserverlauf – das ist wie auf dem Bazar: Wer Interesse zeigt, für den werden die Preise höher!

Dazu lohnt es sich, auch mal nach alternativen Flugrouten zu suchen – besonders, wenn du nicht unter Zeitdruck stehst und lieber ein paar Stunden länger unterwegs sein als extra Euros investieren möchtest. So fliegt man zum Beispiel oft von Deutschland nach Jakarta und dann weiter mit einer nationalen Fluglinie um einiges billiger nach Bali als direkt.

Für Last-Minute-Angebote mag ich auch die Webseite von L'TUR. Da finde ich nicht nur die besten Flugangebote nach Marokko, sondern auch Sonderpreise für die Deutsche Bahn. Auch wenn ich Bahntickets normalerweise versuche so früh wie möglich zu buchen, gibt es hier bis zu sieben Tage vor Reisedatum noch Schnäppchen.

Bitte lächeln!

Die viel belächelten Diavorträge unserer Elterngeneration gibt es zum Glück schon lange nicht mehr, dafür pflastern wir – digitaler Revolution sei Dank – heute unsere Wände bei Facebook & Co. mit Fotos und Selfies. Ungleich weniger aufdringlich, und es gibt unseren Freunden wenigstens die Möglichkeit, uns zu ignorieren oder mit einem schnell geklickten Daumen nach oben ihre volle Würdigung auszudrücken. Aber heute wie damals gilt: Wer kein Foto hat, der war nicht da. Reisen ist ein Statussymbol, und Fotos sind der Beweis, mit dem wir dieses mit der Welt teilen. Dabei ist es egal, ob man eine Kamera hat oder mit dem Handy Fotos macht, etwas von Bildkomposition oder Bildbearbeitung versteht – Hauptsache, man kann das Ergebnis ungefragt mit der Welt teilen.

Zu dieser Gruppe habe ich freiwillig nie wirklich gehört. Ich stehe weder selbst gerne vor der Kamera, noch fand ich das Fotografieren im Schatten eines professionellen Fotografen in der Familie je besonders erquicklich. Erst mit dem Job des Reisebloggens wurde das Fotografieren zu einer unbequemen Notwendigkeit für mich. Ich investierte in eine gute Kamera, machte mir meinen Bruder als Lehrer zunutze und verbrachte viel Zeit damit, unterwegs zu üben.

An Fotos von mir selbst kann ich mich immer noch nicht gewöhnen. Doppelkinn, Flecken im Gesicht und Schweißränder unter den Armen – will das wirklich jemand sehen? Wie die anderen Reiseblogger modelmäßig bei 40 Grad durch malerische Gassen spazieren oder Elefanten knuddeln, ohne dass der Lidstrich verläuft, ist mir ein Rätsel.

Auf einer Pressereise durch Sri Lanka musste ich mich zwangsläufig an Kameras gewöhnen. Wir hatten nicht nur unseren eigenen Behind-the-Scenes-Fotografen dabei, sondern auch einen Kameramann. Mit denen im Schlepptau ging es auf den Sigiriya Monolith. Ich ganz schick in Leggings und einem

Tanktop, die Schweißränder unter meinen Armen waren nach zehn Minuten Treppensteigen meine geringste Sorge. Da merkte ich, dass der Kameramann direkt hinter mir lief, die Kamera, wie mir schien, eifrig auf meinen Po gerichtet. Mir war es egal, denn ich musste Treppen steigen. Wenn er die Aussicht auf meinen Hintern so viel spannender fand als die unglaubliche Landschaft Sri Lankas, die uns zu Füßen lag, dann wollte ich nicht mit ihm diskutieren. Oben angekommen ein Anblick, der seinesgleichen suchte (die Landschaft, nicht mein Po!). Auch wenn ich verschwitzt und rot im Gesicht war, hier musste ein Foto von mir her. Ich war nicht die Einzige, der es so ging, und so posierten wir miteinander und füreinander, von vorne und von hinten vor der unglaublichen Kulisse.

Dabei entstand ein Foto von mir, auf dem ich leicht verträumt in die Ferne schaue. Ohne perfektes Make-up, aber auch ohne Schweißflecken. Ich mag das Bild, und anscheinend bin ich nicht allein, denn es wurde zu einem Hit auf Instagram. Menschen mögen Fotos, die Menschen zeigen, mit oder ohne Modelmaße.

Seitdem gebe ich mir Mühe, mehr Fotos von mir zu machen. Immer noch mehr aus Notwendigkeit als aus Überzeugung, aber inzwischen kann ich nachvollziehen, dass es einfach Orte und Momente gibt, wo man ein Foto von sich möchte. Eine sprichwörtliche Fahne, um zu zeigen: Ich war hier!

Und da fängt dann auch schon das Problem an: Wie zeige ich, dass ich hier war, wenn ich allein da war?

Spieglein, Spieglein an der Wand

Selfie ist inzwischen fast zu einem Unwort geworden, zu einem Symbol der Eitelkeit in unserer gefühlt immer eitler werdenden Welt. Eine digitale, verbesserte Version von sich, die man im Spiegel anstarrt. Ich bin kein Fan, aber man kommt kaum daran vorbei, wenn man allein unterwegs ist. Lustigerweise habe ich schon lange vor dem Besitz meines ersten Smartphones Selfies gemacht. Ich weiß noch genau, wie ich auf meinem Trip auf den Seychellen durch den Dschungel lief und mir die umgedrehte Kamera vor die Nase hielt. Das Bild ist schief und krumm, aber ich mag es. Es zeigt meine Bräune, meine liebste Sonnenbrille und ein leicht verwegenes *Ich-laufe-allein-durch-den-Dschungel*-Lächeln. Das ist lange her, und die Zeiten haben sich geändert. Ich mache nicht mehr ein Selfie, sondern zig, denn man muss ja die übergroße Nase und das unausweichliche Doppelkinn in den Griff kriegen. Ganz ehrlich, das nervt mich manchmal selbst, und darum sind meine liebsten auch meine Tier-Selfies. Das fing mit einem Huskie-Welpen an, der in der Arktis nach mir benannt wurde. Dann kamen ein Elefant, ein Löwenbaby und eine Giraffe, ein Orang-Utan und eine Wasserschildkröte dazu – und vor ein paar Tagen endlich ein Mantarochen. Wie das Dschungelbild zeigen sie eine Momentaufnahme, in der mein Gesicht meistens vor Aufregung genug verzerrt ist, dass die Nase und das Kinn nicht weiter ins Gewicht fallen. Wer zählt schon hektische Flecken in deinem Gesicht, wenn neben dir ein riesengroßer Affe vom Baum baumelt?

Für die meisten anderen Selfies brauche ich mehr Überwindung. Selfies zu machen ist irgendwie peinlich, und man sieht zwangsläufig komisch dabei aus. Erst recht, wenn man obendrein noch einen Selfiestick in der Hand hält und während des Fotografierens versucht, andere damit nicht zu hauen. Zum Glück (oder Unglück) sind Selfies heute überall eine normale Alltagserscheinung. Keiner wird dich komisch angucken, egal, ob du vor der Mona Lisa oder neben einem Affen stehst.

Was braucht man, um ein gutes Selfie zu machen? Wie bei allen anderen Fotos ist es wichtig, auf das richtige Licht zu achten. Indirektes, weiches Licht, am besten zur goldene Stunde, entweder früh am Morgen oder am späten Nachmittag. Um starke

Schatten, die Falten und Augenränder hervorbringen, auf dem Gesicht zu vermeiden, fotografiere mit der Sonne im Hintergrund. Der Selfiestick hilft beim Entzerren von übergroßen Nasen, aber oft reicht es schon, Selfies so frontal wie möglich zu machen. Dass mein Gesicht schöner wird, wenn ich es aus einem Winkel von oben fotografiere, ist ein Mythos, den ich auch lange geglaubt habe. Wenn der Winkel, das Licht und die Situation stimmen, dann gilt nur noch eins: Augen auf und durch. Denn spätestens wenn du dich stolz auf deiner Facebook-Wand neben einem lachenden Beefeater präsentieren kannst, war es alle Peinlichkeit wert.

Selbst ist die Frau

Manchmal reicht ein Selfie nicht. Da möchte man eben ein Ganzkörperfoto oder noch das Taj Mahal mit auf dem Bild haben. Oder ein Foto von sich im hotelzimmereigenen Infinity Pool. Dann ist der Selbstauslöser gefragt, und den hat heute nicht nur jede Kamera, sondern auch das Smartphone. Wenn du dabei komplette Flexibilität haben willst, brauchst du ein Stativ. Das ist auch nützlich für Nachtfotos, Nordlichter und alles, was eine ruhige Hand braucht. Für Smartphones gibt es ein sogenanntes Gorillastativ, das sich problemlos auf allen Untergründen anbringen lässt.

Meistens reicht mir ein Mauervorsprung, Tisch, Ast oder was sich sonst gerade so als Untergrund findet und stabil genug ist, um darauf meine Kamera auf richtiger Höhe abzulegen. Dann geht es los: Ausschnitt wählen, Schärfe einstellen und am besten ein paar Fotos auf einmal schießen. Der Selbstauslöser eignet sich auch besonders, wenn du nicht nur statisch in die Kamera gucken willst. Spring, tanz oder mach dich richtig zum Affen – mit dem Selbstauslöser geht alles!

Hobbyfotografen

Wenn du nicht gerade allein durch den Dschungel läufst oder im Hoteljacuzzi sitzt, gibt es auch noch die Möglichkeit, einfach mal einen anderen Hobbyfotografen zu fragen. Ich gebe zu, dass mir das lange die unbequemste Art war, an ein Foto von mir zu kommen. Irgendwie wollte ich niemanden damit nerven, und wenn ich es dann doch mal tat, war das Resultat meistens nicht nach meinem Geschmack. Nur weil jemand selbst eine schicke Kamera in der Hand hält, heißt das noch lange nicht, dass er fotografieren kann.

Nach einigen verpassten Gelegenheiten überwinde ich mich jetzt trotzdem häufiger und habe festgestellt, dass Leute gerne helfen. Besonders beim Sightseeing. Meistens biete ich einfach vorher an, selbst ein Foto zu machen, und oft wird mir dann ungefragt Hilfe im Gegenzug angeboten. Dabei ist es egal, ob andere allein oder zu zweit sind, Pärchen haben die gleichen Probleme wie Alleinreisende, wenn sie Fotos von sich miteinander haben wollen.

Zugegebenermaßen habe ich manchmal Angst,

dass jemand einfach mit meiner Kamera wegrennen könnte. Soll schon vorgekommen sein. Darum spreche ich meistens Familien an oder Leute, die auch dabei sind, Fotos zu machen und schon eine Kamera in der Hand halten.

Damit die Bilder so werden, wie ich mir das wünsche, gebe ich die Einstellungen vor und stelle die Kamera gleich auf automatisch um. Dazu bitte ich die jeweilige Person schon im Vorfeld, mehr als ein Foto zu machen, damit ich eine Auswahl habe. Zum Glück kommt man, wenn es um Fotos geht, zur Not auch mit internationaler Zeichensprache weiter. Zeig einfach auf die Kamera und dann auf dich selbst – *Cheese!*

Ungefiltert

Nachdem ich mich mit meiner Kamera angefreundet hatte, stellte ich fest, dass ich auf einmal die meiste Zeit einer jeden Reise durch die Linse guckte. Alles musste ab- und durchfotografiert werden, bei Sonnenaufgang und noch mal bei Sonnenuntergang, von links nach rechts, von oben nach unten. Die digitale Fotografie macht es möglich, dass man sich heute nicht mehr einschränken muss. Doch was ein Segen ist, kann auch ein Fluch sein. Fotos zu machen, stand für mich auf einmal an erster Stelle. Noch vor dem Eindrückesammeln, und irgendwann fühlte sich das falsch an. Es war, als ob ich reiste, um zu fotografieren, und nicht, um zu sehen. Da wusste ich, dass es Zeit war, das Ganze einzuschränken.

Heute treffe ich bewusst die Entscheidung, meine Kamera auch mal zu Hause zu lassen. Ein Foto zu machen und sie dann in die Tasche zu stecken. Wenn ich das nicht freiwillig tue, dann kommt mir manchmal der Zufall zu Hilfe, in Südafrika stellte ich fest, dass die Batterie meiner Kamera leer war – und das kurz bevor ich mit Haien tauchen wollte. Ich war erst enttäuscht, habe den Tauchgang dann aber umso intensiver genossen.

Auch wenn wir den fotografischen Beweis haben wollen, da gewesen zu sein, nützt der nichts, wenn wir nicht anwesend sind. Wenn wir Momente nicht mehr erleben, sondern nur noch ablichten. Wenn wir nur noch durch die Linse anstatt mit offenen Augen und offenem Herzen sehen. Auf der Jagd nach dem ultimativen Schuss verpassen wir zu oft den ultimativen Moment. Und für diese Momentaufnahme muss man manchmal das Foto opfern. Schon der kleine Prinz wusste eben, dass man am besten mit dem Herzen und nicht mit der Nikon sieht.

Gefahrenzone

Einer der größten und am liebsten vorgebrachten Einwände gegen das Alleinreisen ist das Thema Sicherheit. *Woanders* muss es – insbesondere allein – doch einfach gefährlich sein. Dort gibt es Trickdiebe und die Mafia, Terrorismus oder Trump, und keiner stellt sich ordentlich in der Schlange an wie zu Hause. Auf Reisen wirst du doch bestimmt ge- oder beklaut, und schon als Kind hast du schließlich gelernt, dass man nicht mit Fremden spricht. Jetzt willst du irgendwo hin, wo du noch nicht mal die Sprache der Fremden sprichst?!

Während uns das Internet heute auf der einen Seite ganz wunderbar mit dem Rest der Welt verbindet, kann es einen auf der anderen ganz schön verrückt machen. Das Fernsehen und die Boulevardpresse tun ihr Übriges, und auf einmal ist Afrika zu einem kleinen Dorf geschrumpft, wo es überall Ebola gibt, oder ich bekomme nach militärischen Unruhen in Thailand besorgte Anrufe, obwohl ich in Indonesien bin.

> *«Security is mostly a superstition. It does not exist in nature, nor do the children of men as a whole experience it. Avoiding danger is no safer in the long run than outright exposure. Life is either a daring adventure or nothing at all.»*
> HELEN KELLER

Helen Keller spricht mir mit diesen Worten aus der Seele. Natürlich ist Sicherheit wichtig, aber Sicherheit ist in erster Linie ein Gefühl, ein Aggregatzustand unseres Wohlbefindens. Kein Konstrukt, nach dem man sein Leben ausrichten kann. Das geht weder zu Hause noch unterwegs. Man muss nicht leichtsinnig sein, nicht geradewegs ins Unglück rennen, aber man sollte sich auch nicht unnötig verrückt machen.

Ob unsere Ängste auf Fakten beruhen oder nicht, ist dabei eigentlich egal. Sie sind da und uns eigen.

Deshalb sollte man sie wahr- und ernst nehmen, ohne sich davon einschränken zu lassen. Wenn es um die eigene Sicherheit geht, kommt man meistens mit gesundem Menschenverstand und ein paar Grundregeln aus, die überall gelten. Dazu gibt es ein paar Dinge, die länderspezifisch sind, über die man sich am besten vorher informiert. Besser noch als über das Auswärtige Amt geht das oft, wenn man mit im Reiseland lebenden Expats redet. Vermeintlich reiche Westliche müssen häufig andere Dinge beachten als die einheimische Bevölkerung. Kontakt ist schnell über Internet-Foren, Blogs oder Facebook hergestellt. Darüber hinaus gibt es in den meisten Reiseführern einen Abschnitt über verbreitete landestypische Gefahren und Dinge, die man besonders beachten sollte.

Und sonst – wie kann ich mich als Alleinreisender sicher fühlen, ohne paranoid zu sein? Braucht es dazu wirklich einen hässlichen Geldgürtel?

Vorsichtig unterwegs

Nachdem ich von Südafrika zurück nach Deutschland gezogen war, ging ich mit meiner Freundin Marie und meinem Patenkind in die Hamburger Innenstadt. Zu meiner Schande muss ich gestehen: Wir pausierten bei McDonald's in einem der schicken Hamburger Einkaufszentren. Die Kleine im Wagen mit uns am Tisch und meine Handtasche, Reißverschluss zu, am Griff. Erst eine Stunde später im Spielzeuggeschäft beim Schlümpfe-Aussuchen bemerkte ich, dass mein Portemonnaie fehlte. Nach sieben

Jahren in Kapstadt und einem Monat Backpacking in Thailand war ich ausgerechnet in Hamburg, meinem sicheren Zuhause, beklaut worden! Die Ironie entging mir nicht.

Was ich daraus gelernt habe? Schlimme Dinge passieren überall auf der Welt – und nirgendwo sollte man seine Handtasche unbeaufsichtigt am Kinderwagengriff hängen lassen. Das heißt nicht, dass ich die meisten Menschen für schlecht halte (wenn mir Reisen eins gezeigt hat, dann eher das Gegenteil!) und dass man seiner Umgebung nur noch misstrauisch begegnen soll. Es bedeutet einfach, dass unser eigenes Sicherheitsgefühl oft auf Emotionen, nicht auf Fakten beruht. In der Fremde fühlt man sich zunächst unsicher, auch wenn man tatsächlich nicht unbedingt weniger sicher ist. Wenn wir aber erst mal erleben, dass die Menschen dort auch einfach Menschen sind, mit denselben Wünschen, Problemen, Hoffnungen und Sorgen, dann fühlen sie sich schnell nicht mehr so fremd an. Mit dem Weniger-fremd-Fühlen geht dann auch schnell ein Gefühl von Sicherheit einher.

Zudem habe ich gemerkt, dass ich auf Reisen viel vorsichtiger bin als zu Hause, auch wenn dazu meistens objektiv kein Grund besteht. Das zeigt der Umgang mit meiner Handtasche. Nie im Leben hätte ich meine Tasche in Kapstadt aus den Augen gelassen, würde abends allein durch dunkle Straßen laufen oder öffentliche Verkehrsmittel nehmen. Auf Reisen trage ich nie alle meine Kreditkarten oder besonders viel Bargeld mit mir rum oder verrate Fremden, wo ich wohne. Unterwegs, da bin ich nämlich vorsichtig und mir meiner Umgebung sehr viel mehr bewusst als zu Hause. Und das ist eigentlich der beste Schutz.

Kopf hoch und Bauch raus

Nichts ist besser für die eigene Sicherheit, als dem Bauch, der eigenen Intuition zu vertrauen. Da kann man alle Reiseführer gelesen haben, allen Tipps von Einheimischen folgen, mit Pfefferspray als Bodyguard unterwegs sein, aber nichts wird dich je so gut beschützen wie dein Bauchgefühl. Sei es ein Ort, eine Person oder eine Situation – wenn du das Gefühl hast, etwas stimmt nicht, etwas ist *off*, dann nichts wie weg. Leider hören gerade Frauen Argumente wie «Sei doch nicht so empfindlich!» und «Hab dich doch nicht so!» ziemlich oft. Aber egal welches Geschlecht, solltest du dich auf deine Intuition verlassen ohne Rücksicht darauf, was andere sagen. Dafür kann, muss man aber noch nicht mal eine gute Entschuldigung parat haben. Die Konsequenzen könnten schlimmer sein, als jemanden zu brüskieren oder auf die Füße zu treten.

Während Selbstreflexion zweifellos eine gute Eigenschaft ist, sollte man sich in Situationen, die einem unheimlich sind, nicht zu sehr hinterfragen. Lieber einmal zu viel vorsichtig sein als einmal zu wenig. Das heißt nicht, dass man jeden misstrauisch anstarren sollte, sondern dass man im Zweifelsfall seinem Bauch mehr Vertrauen schenkt als dem Kopf.

Dieser Punkt geht Hand in Hand mit einem gesunden Selbstbewusstsein – und dieses sollte man auch zeigen. Manchmal muss man sich das erst aneignen. Ich erinnere mich noch an meine ersten Tage in Marrakech, als ich mit verzweifeltem Gesichtsausdruck durch die Straßen irrte. Dass ich damit die Verkäufer, die Hennafrauen und Schlangenbeschwörer, alle, die irgendwas von mir wollten, noch mehr anzog, ist eigentlich klar. Mit starrem Blick auf meine Karte in der einen und den Reiseführer in der anderen Hand war ich ein gefundenes Fressen. Ich fühlte mich schrecklich und schob die Schuld dafür auf Marrakech. Alles, was ich fühlte, schien die Stadt zu reflektieren, wie ein Hund, der wittert, wenn man Angst hat.

Erst zwei Jahre später und einige Reiseerfahrungen reicher traute ich mich, der Stadt eine neue Chance zu geben. Diesmal ging ich es anders an. Ich ließ mir von meinem Hotel ein Taxi vom Flughafen und einen Träger organisieren, der mich bis vor die Haustür brachte. Ich ließ mir wichtige Orientierungspunkte in meine Karte einzeichnen und blieb am ersten Abend zum Essen in Riad. Das klingt erst mal sehr zahm und wenig abenteuerlich, aber es war genau das, was ich brauchte, um mich an die Stadt zu gewöhnen.

Erst am nächsten Morgen verließ ich das Haus. Mit Sonnenbrille und Zielstrebigkeit im Gesicht ging ich bis zur nächsten Ecke, wo ich mir in gebrochenem Französisch warme Krapfen kaufte. Das war meine große Tat für den Morgen, und mir schlug das Herz bis zum Hals. Doch das sah keiner, denn ich hatte mein Pokerface aufgesetzt und hielt den Kopf aufrecht. Vielleicht war ich noch keine waschechte Marrakschi, aber ich hatte es geschafft – einmal bis zur Straßenecke und zurück, ein paar Dirhams ärmer und eine Tüte voller Krapfen reicher. Mein Selbstbewusstsein stieg, und so machte ich mich als Nächstes durch die engen Gassen auf zum Maison de la Photographie. Jetzt wurde es zum Abenteuer, aber ich ließ mir meine Unsicherheit nicht mehr anmerken und Zurufe aller Art an mir abprallen. Erst links, dann rechts – okay, ein paarmal musste ich umdrehen –, aber dann stand ich am Eingang und stellte fest, dass ich nach meinem Krapfenkauf kein Kleingeld mehr hatte, um den Eintritt zu bezahlen. *«Pas de problem, Madame!»*, wurde mir lächelnd versichert. Ich könnte auch so rein, ich solle einfach nur das Museum genießen. Marokkanische Gastfreundschaft in einer der größten Touristenattraktionen der Stadt. Das war der Moment, in dem ich Marrakech zum ersten Mal mochte.

«*Fake it until you make it!*», besagt eine amerikanische Weisheit, und ich folge ihr gerne, wenn es um Selbstbewusstsein geht. Manchmal muss man einfach so tun als ob, bis man sich wirklich so fühlt. Irgendwann wird das Aufgesetzte zur Realität, meistens dann, wenn auch die Umwelt anfängt, dir dein geschummeltes Selbstbewusstsein widerzuspiegeln.

Wenn du dich dann ein paarmal verlaufen und den Weg trotzdem gefunden hast, die ersten erfolgreichen Marktverhandlungen geführt hast und nicht mit leeren Händen zurück musstest, steigt auch ganz schnell das echte Selbstbewusstsein. Das ist der Zeitpunkt, in dem ich meistens anfange, mich ein bisschen zu Hause zu fühlen, in dem das Universum zu mir sagt: Willkommen!

Pläne teilen

Bevor ich losfahre, teile ich meine Reiseroute mit meinen Eltern. Meinen Bruder gebe ich meistens als meinen Kontakt im Notfall an (er spricht besser Englisch als meine Eltern), und er weiß dann die Details, wann ich wo zu erreichen bin.

Wenn ich irgendwo länger als eine Woche bin, besorge ich mir in der Regel eine lokale SIM-Karte und gebe meinen Eltern die Nummer. Mit Freunden bin ich eigentlich ständig über Facebook oder WhatsApp in Kontakt. Dazu rufe ich meine Mutter an und schicke meinem Vater eine E-Mail, wenn größere Etappen der Reise hinter mir liegen oder ich an einem neuen Ort angekommen bin. Das gibt nicht nur meiner Familie ein besseres Gefühl, sondern ich weiß auch, dass sich jemand zu Hause kümmert, sollte ich mich zu lange nicht melden.

Vor Ort ist es sinnvoll, in Gästehäusern und Hotels Bescheid zu sagen, wenn man größere Ausflüge unternimmt und wann man abends zurückerwartet werden soll. Es ist einfach gut zu wissen, dass es jemand bemerken würde, wenn man abhanden käme.

Das ist einer der Gründe, warum ich auch gerne Taxi-Apps wie Uber benutze, durch die man mitverfolgen kann, wo ich gerade bin und ob ich angekommen bin. Klar gibt es auch hier unter den Fahrern schwarze Schafe, aber mit der Feedback-Funktion und dem Nachverfolgen der Route fühle ich mich um einiges sicherer als in einem regulären Taxi.

Außerdem habe ich immer ein geladenes Smartphone dabei und weiß, wie ich im Notfall auch ohne lokale SIM-Karte (die ich aber trotzdem sehr empfehlen würde) telefonieren und online gehen kann. Taxi an- oder per App rufen, wenn ich mich irgendwo allein wiederfinde und nicht weiß, wie ich da wegkomme, Google Maps checken und auch die Nummer der lokalen Polizei in den Kontakten speichern. Sicher ist sicher.

Kalkulierte Sicherheit

Geld regiert die Welt, und das ist auch beim Reisen nicht anders. Leider oder zum Glück ist es die Realität, dass man sich ein gewisses Maß an Sicherheit kaufen kann.

Mich macht auch nach vielen Jahren des Alleinreisens nichts nervöser als das Ankommen und die erste Nacht in einer fremden Stadt. Darum sieht mein kleines Ritual wie folgt aus: Erst mal versuche ich einen Flug zu bekommen, der tagsüber ankommt. Klappt das nicht, dann habe ich einen genauen Plan, wie ich ins Hotel komme. Und ja, da nehme ich immer ein Taxi. Ich habe immer ein bisschen extra Budget für die erste Nacht – Taxi zum Hotel und Hotel in ordentlicher Lage sind damit im Voraus gebucht. In den meisten Ländern gibt es organisierte Flughafentaxis, die entweder einen Taxameter nutzen oder feste Tarife haben. Wenn mir das je nach Stadt immer noch zu unsicher ist, dann buche ich im Voraus einen Transfer vom Hotel oder mit einem privaten Taxiunternehmen, das mich mit Namensschild am Gate in Empfang nimmt. Wenn ich öffentliche Taxis nehme, stelle ich sicher, dass ich die Hoteladresse auch in der Landessprache aufgeschrieben dabeihabe sowie eine Telefonnummer.

Das Gleiche gilt, wenn ich abends unterwegs bin. Taxis sind mein bevorzugtes Verkehrsmittel nach Sonnenuntergang, und ich habe immer einige empfohlene Taxinummern dabei. Außerdem noch eine Visitenkarte vom Hotel und eine Karte, die auch offline funktioniert.

Dass man an der Sicherheit nicht sparen sollte, gilt auch für die Wahl von Tour-Anbietern. Egal, ob Busexkursion, Tauchausflug oder Stadtführung – ich erkundige mich vorher stets über verschiedene Anbieter. Entweder über Social Media oder TripAdvisor. Bei Fluggesellschaften kann man auch checken, ob diese auf internationalen schwarzen Listen stehen. Das tue ich besonders bei kleineren nationalen Fluggesellschaften, wenn Fliegen die beste Option ist, um lange Distanzen im Land zurückzulegen.

Trotzdem bleibt das Motto mit den anderen Sitten bestehen; in vielen Ländern ist es nicht gegeben, dass Busse Sicherheitsgurte haben, sich Verkehrsteilnehmer an Ampelregelungen halten oder dass es überhaupt Ampeln gibt. Hupen ist oft eine eigene Sprache auf der Straße, und das Helmtragen beim Motorradfahren ist in vielen Ländern optional. Das kann man selbst häufig nur begrenzt beeinflussen, und so mache ich meine eigenen Regeln: Ich schnalle mich an, wenn es geht, und achte darauf, den sichersten Mietwagen zu bekommen, den man unter den örtlichen Gegebenheiten kriegen kann. Helm beim Scooterfahren ist Pflicht, und was den Verkehr angeht, versuche ich, mich dem örtlichen Fluss anzupassen. Selbst in Saigon, wo die Straße zu überqueren ein Ding der Unmöglichkeit zu sein scheint, funktioniert das besser, als man denkt – einfach den Einheimischen folgen, Augen zu und durch!

Accessoires zur Sicherheit

Sicherheit fängt beim Reisegepäck an. Ein vernünftiger Koffer oder Rucksack mit einem guten Schloss ist nicht nur eine Investition in die Zukunft, sondern kann auch unliebsame Zugriffe abwehren. Das Gleiche gilt für das Handgepäck. Ich bin kein Fan von unsichtbaren Beuteln und Gürteltaschen (die sind sowieso der ganzen [Unter-]Welt bekannt). Aber ich bin ein Fan von Taschen mit Reißverschluss, soliden Griffen und für lange Strecken im Bus oder Zug von weiteren Schlössern fürs Handgepäck. Die sind auch hilfreich, wenn man in einem Mehrbettzimmer im Hostel schläft. Der Gedanke, dass alle Reisenden sich einem gemeinsamen Verhaltenskodex verpflichtet fühlen und sich gegenseitig nicht bestehlen würden, ist schön, aber verlassen würde ich mich darauf nicht.

Richtig Wertvolles lässt man am besten eh zu Hause. Eine gute Versicherung erstattet vielleicht einen Teil der geklauten Kamera, aber meistens keinen Goldschmuck. Mit Markenklamotten, teurem Equipment und Schmuck macht man sich leichter zur Zielscheibe, das gilt überall auf der Welt.

Hab am besten eine Tasche mit Reißverschluss dabei und trag diese nah am Körper. Das gilt besonders für Plätze mit viel Gedrängel: Märkte, Bahnhöfe, Flughafen, Vergnügungsparks und sehr belebte Straßen. Auch bei Rucksäcken gilt es aufzupassen, denn die können schneller unbemerkt geöffnet werden, als man denkt. Im Auge des Sturms lieber das Handgepäck vor der Brust tragen.

Außer wenn ich größere Ausgaben plane, lasse

ich meine Kreditkarten eigentlich immer im Hotel-safe. Unterwegs trage ich dann nur so viel Bargeld bei mir, wie ich für den Tag brauche. Das gilt besonders bei Strandbesuchen oder an Orten, wo die Chance besteht, dass ich meine Sachen unbeobachtet lassen muss.

Eine Regel, an die ich mich immer halte, aber die zum Glück noch nie getestet wurde, besagt, dass man für den Fall der Fälle immer ein bisschen Geld dabeihaben sollte. Nicht nur Taschendiebe sind Realität in vielen Großstädten, sondern auch Raubüberfälle. Solltest du dich jemals mit einer Waffe konfrontiert sehen, ist es besser, ein paar Scheine dabeizuhaben als gar nichts. Die Ausrede «Aber ich hab nichts!» wurde leider schon zu oft gehört und wird dir nicht unbedingt abgenommen. Lieber 20 Dollar zur Besänftigung loswerden und ansonsten heil davonkommen, als jemandem mit einem Messer in der Hand erklären, dass man wirklich sein letztes Geld im Barney's Sale gelassen hat.

Von Wertgegenständen einmal abgesehen, sollte man sich außerdem bewusst machen, dass sich das Verständnis, was wertvoll ist, von Land zu Land unterscheidet. So habe ich in Kapstadt schon erlebt, dass ins Auto von Freunden eingebrochen wurde, um wahlweise eine alte Yogamatte oder ausgelatschte Turnschuhe zu klauen. Natürlich war beides kein großer Verlust, aber der Aufwand und die Kosten, um die Scheibe zu ersetzen, waren nervig und hätten einfach verhindert werden können. Deshalb: Lass nichts im Auto rumliegen, auch wenn es für dich wenig Wert hat, denn für andere ist es vielleicht ein wahrer Schatz.

Wie steh ich meine Frau

Gerne hätte ich dieses Kapitel ausgelassen. Ich wünschte, es wäre in unserer heutigen Zeit nicht mehr nötig, zu erwähnen, dass es Situationen gibt, in denen Frauen besonders aufpassen müssen. Die Realität sieht anders aus. Da kann die Feministin in mir noch so viel mit den Füßen stampfen, die Realistin weiß, dass ich anders wahrgenommen werde, weil ich eine Frau bin. Ich werde mich nie zu *Victim Blaming* herablassen, aber trotzdem tue oder lasse ich gewisse Dinge eben, weil ich eine Frau bin. Darüber kann man sich aufregen, aber es ändert nichts an der Tatsache, dass Frauen oft anders reisen müssen als Männer. Ich habe daher kein Problem damit, meine feministischen Ansichten mit der Welt zu teilen und mich gleichzeitig auf Reisen zu meiner eigenen Sicherheit an gewisse Spielregeln zu halten, die nur für Frauen gelten.

Was also tun oder nicht tun, wenn man als Frau allein unterwegs ist?

Ich suche gerne Anschluss an andere Frauen oder Familien. Das gilt besonders, wenn ich längere Bus-, Bahn- oder Bootsfahrten vor mir habe. Wenn man keine gemeinsame Sprache findet, reicht oft ein fragender Blick – Darf ich mit euch spielen? –, und auch als erwachsene Frau darf man dann in den Schoß der Großfamilie zurück. In einer Gruppe ist man meistens sicherer. In einigen Ländern gibt es sogar spezielle U-Bahn-Abteile oder Taxis, die nur für Frauen zugänglich sind. Wenn das nicht der Fall ist, erkundige ich mich meistens im Vorfeld nach einem Fahrer. Die Tourismusbranche wird in vielen Ländern noch überwiegend von Männern dominiert, und so habe ich lieber eine Empfehlung in der Tasche, als darauf angewiesen zu sein, mich am Bahnhof oder Flughafen anquatschen zu lassen.

Beim Thema Frauen und Kleidung kommt es schnell zu hitzigen Debatten. Ich bin dafür, dass eine Frau generell so viel oder wenig tragen sollte, wie sie möchte. Aber den Grundsatz «Andere Länder, andere Sitten» sollte man nicht einfach außer Acht lassen und kulturelle Ignoranz nicht mit Feminismus verwechseln. In vielen Kulturen ist es eben nicht akzeptabel, in Minirock und Shorts durch die Gegend zu laufen, in Tempeln, Kirchen und Moscheen schon mal gar nicht. Darüber kann man sich aufregen oder nicht, aber wer sich nicht daran halten möchte, sucht sich doch besser ein anderes Reiseland aus. Den lokalen Dresscode zu ignorieren, ist nicht nur unhöflich, sondern kann einen auch in unangenehme Situationen bringen.

Wenn der indische Tourismusminister behauptet, dass es weniger Vergewaltigungen gäbe, wenn Frauen keine kurzen Röcke tragen würden, ist das natürlich Unsinn. Und zudem eine Beleidigung für den Großteil der indischen Männer, die es trotz Miniröcken schaffen, ihre Finger bei sich zu behalten. Dennoch lasse ich in solchen Ländern den Minirock zu Hause und versuche, mich so weit wie möglich den örtlichen Gepflogenheiten anzupassen.

Von vielen Besuchen in Marrakech habe ich gelernt, dass ich mich einfach besser fühle, wenn ich Knie und Schultern bedeckt halte und ein hochgeschlossenes Oberteil trage. Ich habe keine Angst, dass mir sonst etwas passieren würde, aber ich fühle mich wohler und mir wird weniger von 16-Jährigen nachgepfiffen. Zudem ist es einfacher, eine Verbindung mit anderen Frauen herzustellen, wenn ich zeige, dass ich Verständnis für und Interesse an ihren lokalen Sitten habe. Das gilt nicht nur für die meisten islamischen Länder, sondern auch in vielen katholischen Gegenden wie Südamerika und in Ländern wie Thailand und Vietnam. Der Bikini gehört an den Strand und nicht auf die Straße. Kleiderordnungen gelten übrigens nicht nur für Frauen – auch Männer bedecken besser Schultern und Knie.

Denk einfach daran, dass du als Gast in ein anderes Land kommst, und wenn die Denkmuster nicht dieselben sind wie zu Hause, ist es nicht deine Aufgabe, zu missionieren, sondern dich in diesem Fall anzupassen.

Die dm-Kette hat kürzlich eine Debatte zum Thema Sicherheit angestoßen, als sie anfing, Pfefferspray in ihren Filialen zu verkaufen. Gerade für Frauen wird das Thema, wie man sich nicht nur auf Reisen, sondern auch unterwegs zu Hause schützen kann, immer wichtiger. Pfefferspray und eine *Rape Whistle* für die Handtasche sind einfach zu besorgen, legal und bequem einzustecken. Denk nur dran, dass nicht alle Fluggesellschaften Pfefferspray im Gepäck erlauben, im Notfall musst du das erst vor Ort besorgen.

Ich persönlich habe weder das eine noch das andere dabei. Ich verlasse mich lieber darauf, dunkle Ecken zu meiden, Taxis zu nehmen, wenn es dunkel ist, und immer meinen Haustürschlüssel in der Hand parat zu halten. Aber letztendlich ist das eine Entscheidung, die jede Frau für sich selbst treffen muss – zu Hause und unterwegs.

Ein heute leider überall weit verbreiteter Trick ist es, Frauen Flunitrazepam in den Drink zu mischen. Diese sogenannte Date-Rape-Droge führt gerade in Kombination mit Alkohol nicht nur zur Sedierung, sondern auch zu Gedächtnisverlust. Egal, wo du bist, kauf deine Getränke selbst und lass sie nie unbeobachtet stehen!

Was deinen sonstigen Drogenkonsum angeht, da will ich nicht urteilen. Denk einfach daran, dass auch Mengen für den persönlichen Verbrauch in vielen Ländern der Welt extrem scharf geahndet werden, und frage dich, ob das bisschen Spaß das Risiko wert ist.

Was der Terrorismus mit Haien gemein hat

Ich reise liebend gerne nach Marokko, und jedes Mal muss ich mich aufs Neue rechtfertigen. Ist es da nicht gefährlich? Nein, sage ich, nicht gefährlicher als anderswo. Nicht, dass die Situation lustig war, aber ich musste schon ein bisschen schmunzeln, als ich meine belgische Cousine nach den Anschlägen in Brüssel kontaktierte, ob bei ihr und ihrer Familie alles okay sei. Na klar, antwortete sie, denn sie seien gerade im Urlaub in Marokko!

Vergesst die Taschendiebe und die betrügerischen Teppichverkäufer, denn seit dem 11. September haben Reisende auf der ganzen Welt einen neuen Feind: den Terrorismus. Ich klinge ein wenig ironisch, und dennoch weiß ich, wovon ich spreche. Ich war am 11. September in New York, sah, wie die Türme ineinanderfielen und eine Stadt fast an ihrer Trauer zerbrach. Vom Reisen hat mich das trotzdem nie abgehalten. Es gab mir eher ein *Jetzt-erst-recht!*-Gefühl. Inzwischen bin ich das Thema fast ein wenig leid, denn irgendwie ist es ja nichts Neues. Gab es schon immer und überall. Aber erst in den letzten Jahren hat der Terrorismus einen neuen Charakter angenommen, der vielen so richtig Angst macht. Da nützen auch Statistiken nichts, die klar besagen, dass die Chance, in der eigenen Badewanne zu ertrinken, sehr viel höher ist. Dafür, vom Auto überfahren zu werden, sowieso; und wer nicht glaubt, dass die meisten Unfälle im Haushalt passieren, der muss noch viel lernen.

Aber die Angst vor Terrorismus hat wenig mit rationalem Denken zu tun. Das ist wie mit der Angst vor Haien. Auch so ein Kandidat, der im Vergleich mit Haushaltsunfällen sehr gut abschneidet, aber trotzdem regelmäßig Massen von Wassernixen davon abhält, ein Bad zu nehmen. Terrorismus und Haie haben viel gemein: Die Chance, dadurch Schaden zu nehmen, ist äußerst gering und die Angst davor überproportional groß.

Es gibt psychologische Gründe, warum unsere Angst davor so groß ist. Es liegt in der menschlichen Natur, dass wir mehr Angst davor haben, einen grausamen Tod zu sterben, als einem Herzanfall zu erliegen (auch wenn dafür die Wahrscheinlichkeit um einiges größer ist). Zudem fühlen wir uns besser, wenn wir selbst über etwas Kontrolle haben. Flugzeuge machen uns mehr Angst als Autos, auch wenn sie faktisch sicherer sind, weil wir eben keine Kontrolle über sie haben. So glauben wir, dass wir trotz miserabler Fahrpraxis besser im Auto als im Flieger aufgehoben sind.

Man darf auch nicht die Wahrscheinlichkeit eines Terroranschlags mit der Wahrscheinlichkeit, dass einem dabei etwas passiert, verwechseln. Auch wenn erstere in unserer heutigen Welt gestiegen ist, ist letztere doch immer noch unglaublich klein.

Ich schiebe die Schuld auf die Medien, die ihren Teil dazu beigetragen haben, uns das irrationale Fürchten zu lehren, seien das die Abendnachrichten oder *Jaws*. Manchmal tut ein Realitätscheck gut.

Dinner for One – Die Krönung
des Alleinreisens

«Travel isn't always pretty. It isn't always comfortable. Sometimes it hurts, it even breaks your heart. But that's okay. The journey changes you; it should change you. It leaves marks on your memory, on your consciousness, on your heart, and on your body. You take something with you. Hopefully, you leave something good behind.»

ANTHONY BOURDAIN

Same procedure as every year – an Silvester finden sich die meisten von uns mehr oder weniger freiwillig vor dem Fernseher, um wenigstens eine der vielen Wiederholungen von *Dinner for One* zu sehen. Eine lästige Tradition, die wir doch irgendwie liebgewonnen haben.

Same procedure, auch wenn ich vom Alleinreisen erzähle, denn irgendwann kommt immer die Frage, die mehr wie ein Einwand klingt: Aber gehst du dann auch allein essen? «Nee», möchte ich manchmal genervt antworten, «ich hab auch auf der letzten Reise 10 Kilo abgenommen, weil ich nicht allein essen wollte. Siehst du's mir nicht an?»

Meistens verkneife ich mir den doofen Kommentar. Ich habe erkannt, dass das Dinner for One für viele wirklich die größte Barriere auf dem Weg zum Flughafen, zum ersten Solotrip ist. Allein essen ist die Krönung des Alleinseins. Allein essen tut man doch nur heimlich, zu Hause, vor dem Fern-

seher. Wie soll das also gehen, das Alleinessen auf Reisen?

Jeder, der mich kennt, weiß, dass ich reise, um zu essen, und esse, um zu reisen. Um ein Land im wahrsten Sinne des Wortes in mir aufzunehmen. Ich suche Länder nach ihrer Küche aus oder vermeide zumindest die, bei denen mir das Essen keine Reise wert erscheint. Bún chả war einer der wenigen Gründe, warum ich Vietnam mochte, und die erste Suppe, der ich jemals einen Blog-Post gewidmet habe. In Thailand nehme ich regelmäßig ein paar Kilo zu, weil ich es durchaus berechtigt finde, täglich Zwischenmahlzeiten einzulegen. Besonders, wenn sie aus Kokosnussbällchen und karamellisierten Mandeln bestehen. Irgendwie habe ich das Gefühl, ich würde Thailand beleidigen, wenn ich weniger äße.

In Marokko passierte mir das Gegenteil, ich war unglaublich enttäuscht von der Küche. Das Gemüse immer labbrig, die Salate gekocht und das Brot trocken. Es bedurfte einer heißen Affäre mit Land und Leuten (na ja, nur einem ...), die mich davon abhielt, aufgrund des Essens nie wiederzukommen. Dank dem Couscous im La Mamounia und den Pommes auf dem Essaouira-Fischmarkt habe ich mich inzwischen mit dem marokkanischen Essen genug angefreundet, dass ich auch nach Beendung der Affäre immer wieder hinfahre.

Essen ist auch immer ein Stück Kulturgut, und wie wir essen oder Essen wahrnehmen, ist ein wichtiger Bestandteil von uns. Dass nicht jeder so dem Essen frönen mag wie ich, finde ich zwar ein wenig befremdlich, muss das aber wohl oder übel akzeptieren. Außer wenn ich mit einer solchen Person verreise. Kokosnussbällchen allein zu verdrücken, ist ungemütlich. Die teile ich lieber mit jemandem, der den gleichen Enthusiasmus für Essen aufbringen kann wie ich, oder kaufe gleich zwei Portionen.

Vor ein paar Jahren bin ich mit meinem damaligen südafrikanischen Freund, nennen wir ihn Larry, nach

Deutschland und anschließend nach Rom gefahren. Erst stand die Einführung in die Familie auf dem Programm, dann Romantik pur. Denn auch wenn Paris die Stadt der Liebe ist, darf man nicht vergessen, dass sich die romantischste Filmszene aller Zeiten um italienisches Essen dreht. Ich meine Susi und Strolch natürlich, die gemeinsam Spaghetti essen.

Mit dieser Szene im Kopf hatte ich hohe Erwartungen an den Romantikfaktor in Rom. Ich reiste mit einer Restaurantliste an und dem festen Plan, meinen nicht so essfreudigen Freund vom *Dolce Vita* zu überzeugen. Mehr aus Eigeninteresse als aus Emanzipation hatte ich angeboten, den Kostenteil des Essens zu übernehmen. Mir war bewusst, dass wir nicht-hausgemachte Pasta mit Tütenparmesan essen würden, wenn es nach ihm ginge. Susi und Strolch hätten es nie zum Happy End gebracht ohne Parmigiano Reggiano!

Aber die Reise stand von Anfang an unter keinem guten Stern. Von Deutschland wollten wir gemeinsam nach Rom fliegen. Von dort aus würde ich wieder nach Kapstadt und Larry zurück nach Deutschland und dann weiter zu Freunden nach London fahren. So weit, so gut. Um den Plan in die Tat umzusetzen, brauchte Larry nicht nur ein Schengen-Visum für Deutschland und Italien, sondern auch ein gesondertes Visum für England. Leider sind nicht alle Pässe gleich. Der südafrikanische ist definitiv unterprivilegiert und nicht sonderlich nützlich in vielen Teilen der Welt.

Aus Trotz über diese Ungerechtigkeit oder aus anderen Gründen, die mir bis heute schleierhaft sind, verpasste Larry es, das England-Visum rechtzeitig zu beantragen. So flogen wir nach Deutschland minus 1× englisches Visum und plus 1× Termin beim Konsulat. Das Konsulat konnte trotz deutscher Effizienz kein Visum innerhalb von 48 Stunden hervorzaubern. So landeten wir in Italien minus 1× englisches Visum und plus 1× Termin beim Konsulat. Die Italiener, sowieso nicht bekannt für ihre Effizienz, schickten Larry weg. *Stupido turista!*

An dieser Stelle möchte ich einschieben, dass Visa ein weiterer guter Grund zum Alleinreisen sind: Wenn man es verpasst, eins rechtzeitig zu beantragen, verdirbt man damit nur sich selbst und niemand sonst die Reise. Im umgekehrten Fall kann einem auch keiner mit unzähligen Konsulatsgängen und horrenden Telefonkosten zum südafrikanischen Reisebüro die Zeit miesmachen. Und keiner wird einen eine schlechte Freundin nennen, weil man es wagt, mit den Augen zu rollen, wenn man statt geteilter Spaghetti mehr geteiltes Leid bekommt. Und manchmal ist geteiltes Leid eben nur genervtes Leid.

Am Ende musste Larry auf den Abstecher nach London verzichten und einen einzelnen Flug von Deutschland zurück nach Südafrika buchen, der seine Reisekasse um einiges schmälerte. Die schlechte Freundin, ich, versuchte ihn zu trösten, wie sie am besten trösten kann: mit Pasta und Wein. Auf meine Kosten, klar, denn Larry musste jetzt sparen. Ich schob es auf die Tatsache, dass es erst neun Uhr morgens war, dass er beides ablehnte. Also schlug ich stattdessen Panini und Cappuccino vor. Eigentlich konnte man Larry mit gutem Kaffee immer kriegen, und so zogen wir los. Weit kamen wir nicht, denn sein Kopf voller Sparmaßnahmen hatte eine andere Idee – Frühstück bei McDonald's. Was für Tausende Menschen vielleicht die Norm oder sogar das Highlight einer Reise ist, war von ihm kommend so seltsam, dass ich begann, mir ernsthaft Sorgen zu machen. Mein Freund, der Fitness- und Gesundheitsfreak, wollte bei McDonald's essen; hatte er von den vielen Konsulatsbesuchen Fieber bekommen? Nein, sein Kopf war klar, und er rechnete mir vor, wie viel Geld er mit dem Ein-Euro-Cappuccino und dem Ein-Euro-Cheeseburger sparen würde. Mein Bitten und Betteln, ihn doch auf ein gutes Panino einladen zu dürfen, stieß auf taube Ohren. Es sei erwähnt, dass er vorher keinerlei Probleme damit gehabt hatte, sich täglich von mir zu mehrgängigen Gerichten inklusive gutem Parmesan und Bellini einladen zu lassen. Männlicher Stolz war es also nicht, der uns zu McDonald's brachte.

Vielleicht diktiert die wahre Liebe, dass ich mit ihm hätte leiden müssen. Aber dank meines Trotzes und der frevelhaften Vorstellung, in Rom bei McDonald's zu essen, weigerte ich mich und ließ meinen Cheeseburger essenden Freund allein, um im nächsten Café einen Espresso zu trinken.

Ein paar Wochen später, wieder zurück in Kapstadt, habe ich mich übrigens von Larry wegen Tütenparmesan getrennt. Männer, unterschätzt meine Liebe zu gutem Essen nicht!

Der Nachgeschmack dieser Reise ist bitter und gar

nicht *dolce*. Ich erinnere mich jedes Mal daran, wenn ich keine Lust habe, allein essen zu gehen. Denn mit dieser Erinnerung wird auf einmal die Vorstellung, allein zu essen, so viel anziehender. Gesellschaft ist leider keine Garantie dafür, dass man mehr Spaß beim Essen hat. Und Spaghetti allein zu essen, ist bei weitem nicht so traurig, wie jemanden bei sich zu haben, der keine Spaghetti mit einem essen will.

Trotzdem hoffe ich, dass anderen diese Erfahrung erspart bleibt. Vielleicht kann ich dich auch so davon überzeugen, dass ein Dinner for One nicht nur ein notwendiges Übel, sondern auch ganz toll sein kein. Bestimmt kein Grund, zu Hause zu bleiben oder auf Reisen auf Diät zu gehen.

Zähne zeigen

«Tisch für eine Person bitte», sagt ein leises Stimmchen, das ich kaum als mein eigenes erkenne. «Sind Sie allein?» Der Maître d'hôtel dröhnt die Worte geradezu. «Ja.» Als ob er da noch mal nachfragen muss, um mich auch wirklich nicht misszuverstehen. Wer bestellt schon freiwillig einen Tisch für eine Person, wenn er nicht muss? Jetzt verzieht er das Gesicht. In schicken Restaurants machen sie das oft, aber wenn man um einen Tisch allein bittet, erntet man meist noch ein extra Runzeln. Unwillig werde ich zu einem Tisch in der hintersten Ecke geführt, gleich neben der Küchentür oder dem Klo. Ich werde es schon nicht wagen, den Tisch zu beanstanden. Die tollen Tische sind für Zweisamkeit gedacht, und so kann ich mich glücklich schätzen, überhaupt ein Plätzchen für mich allein zu bekommen. Wir sind hier ja nicht im Hotel, da könnte man wenigstens einen Einzelzimmerzuschlag verlangen.

Jetzt kommt der Kellner auf mich zu. Soll ich jetzt schon zugeben, dass ich allein bin, damit er das zweite Gedeck abräumt? Oder lass ich ihn noch ein Weilchen länger in dem Glauben, ich sei ein ganz normaler Mensch, der mit irgendeiner Form von besserer Hälfte hier ist? Bevor ich mich entscheiden kann, fragt er: «Sind Sie allein?» «Ja», seufze ich und bin dankbar, dass er in weiser Voraussicht die Cocktailkarte mitgebracht hat.

Zum Glück, muss ich an dieser Stelle gestehen, ist mir dieses Szenario so noch nie passiert. Dafür ist mein Selbstbewusstsein schon immer zu groß gewesen. *Nobody puts Baby in a corner!* – auch nicht mit einer Cocktailkarte. Aber ich glaube, dass sich so oder so ähnlich viele das Alleinessen im Restaurant vorstellen. Irgendwie scheinen sich alle unangenehmen Seiten des Alleinseins beim Essen zu manifestieren – zu einer Mischung aus Furcht und Scham. Aber fürchten, vor was eigentlich? Vor dem Blick und den Gedanken von Leuten, die man nicht kennt und wahrscheinlich nie wieder sehen wird? Vor dem Personal, dessen Aufgabe es doch eigentlich ist, einem einen schönen Abend zu bereiten? Und schämen wofür? Dass man es wagt, allein ein Restaurant zu betreten, sein Alleinsein in die Öffentlichkeit zu tragen? Dass man sich eben nicht mit einem TV-Dinner begnügen will?

Es scheint, dass selbst die, die mit Partner auch ohne Reservierung den besten Tisch kriegen und es irgendwie schaffen, dass der Kellner nicht nur Dessert, sondern auch Grappa aufs Haus bringt, allein auf einmal schüchtern und klein sind. Da hilft mal wieder nur eins: Selbstvertrauen, auch wenn es erst mal nicht echt ist. Je nach Restaurant werfe ich mich in Schale oder wasche mir zumindest den Sand aus den Ohren. Vom Maître d'hôtel bis zum Busboy (das sind die, die in vielen Ländern einfach nur die Tische abräumen) mache ich das Personal zu meinen Verbündeten. Und nein, dazu muss ich nicht mit heimlichem Handschlag Dollarscheine verteilen, freundlich sein reicht meistens. Ob mit Reservierung oder ohne, kommt ganz auf das Restaurant an, aber wenn ich reserviere, nenne ich den Tisch, den ich möchte, gleich mit. Je nach Tagesform sitze ich gerne mitten im Getümmel oder auch mal in einer stillen Ecke, aber mit einem Tisch neben der Küchentür lasse ich mich nicht abspeisen. Warum sollte ich flüstern, dass ich allein bin und nur einen Tisch für eine Person brauche? Essen zu gehen ist toll, und ich bin es auch. Wenn ich also mit mir selbst essen gehen darf, ist das doch wirklich ein Grund zum Feiern.

Wem der Mut fehlt, allein im Restaurant nach einem passenden Tisch zu fragen, sollte sich an Miss Sophie erinnern. Ihr Dinner for One fand zwar nicht im Restaurant statt, aber viel wichtiger ist: Sie hatte kein Problem damit, eine imaginäre Dinner-Party sich selbst zu Ehren zu veranstalten. Das nenn ich Selbstbewusstsein!

Cheers, darling!

Selbst Adventurous Kate, eine der bekanntesten Reisebloggerinnen, gibt offen zu, dass sie allein essen zu gehen auch nach fünf Jahren des Alleinreisens noch doof findet. Wenn du das Alleinessen also auch scheust, bist du wenigstens in guter Gesellschaft. Ihr bester Tipp, um Nervosität und Unbeholfenheit beim Alleinessen zu vertreiben: Champagner bestellen. Wahlweise Sekt oder Prosecco. Irgendetwas, das prickelt und in einem hübschen Glas serviert wird. Ich wünschte wirklich, ich könnte sagen, die Idee sei von mir, denn irgendwie ist das Ganze unglaublich einfach und gleichzeitig genial.

Warum Champagner besser ist als Weißweinschorle oder Bier? Weil Champagner eben das ultimative *Ich-habe-etwas-zu-feiern*-Getränk ist. Zumindest wird es vom Rest der Welt, der an einer Weißweinschorle oder einem Bier nuckelt, so gesehen. Und was für eine Frau bestellt ein Glas Champagner so ganz allein? Eine selbstsichere Frau mit Stil, ein mysteriöse Frau, eine Frau mit einer Mission und der Berechtigung, an einem ganz normalen Tag auf sich selbst mit einem Glas Champagner anzustoßen. Bestimmt keine Frau, die man an einen wackeligen Tisch neben dem Klo verweisen kann.

Kartenlesen

Nun hat man einen Tisch und ein Glas Champagner, und damit ist der schlimmste Teil auch schon überstanden. Jetzt kommt der schöne Teil, das Stöbern in der Speisekarte. Das kann je nach Lokalität bei mir zwischen einer Minute und einer halben Stunde dauern. Dabei spielt auch die Sprache der Speisekarte eine nicht unwesentliche Rolle. Eine vermeintlich goldene Reiseregel besagt, dass man nie irgendwo essen sollte, wo die Karte in mehreren Sprachen erhältlich ist. Das schreie nach Touristenfalle und schlechtem Essen. Stimmt nicht, finde ich. Ich hab schon viele tolle und authentische Gerichte auf Englisch bestellt und in Verona wegen der zu authentischen Karte fast mal nicht so tolles Pferd gegessen. Ich mag Pferde nicht, schon gar nicht auf dem Teller.

Nur weil man die Karte lesen kann, heißt das noch lange nicht, dass das Essen schlecht oder – noch viel schlimmer – nicht authentisch ist. Umgekehrt verspricht eine Karte in der Landessprache aber auch nicht gleich gutes Essen. In Brasilien kämpfte ich mit dem Google-Übersetzer, lange verschollenen Lateinkenntnissen und dem portugiesischen Kellner, um Pizza und ein Glas Rotwein zu bestellen. Wie stolz war ich, als dann wirklich Pizza und Rotwein vor mir standen. Leider war die Pizza tiefgekühlt, und der Wein schmeckte nach Essig.

Manchmal kann das Entdecken einer fremden Karte aber auch schon der halbe Spaß sein. Zumindest wenn man dem Kellner mit Pantomime und Wiehern erklären kann, dass man nun wirklich kein Pferd essen will, auch wenn das die Spezialität des Hauses ist. Rotwein, der nicht wie Essig schmeckt, zu beschreiben, ist dagegen leider alles andere als einfach.

Es gibt aber auch Restaurants, in denen ich dem

Koch freie Hand lasse. Köche lieben Gäste, die kulinarisch alles mit sich machen lassen, und ich hab es noch nie bereut. Klar, dass man bei solchen Experimenten vorher Allergien anmerken sollte und am besten auch erklärt, wenn man Veganer oder Vegetarier ist. Dazu später mehr, hier nur so viel: Huhn gilt in vielen Teilen der Welt nicht wirklich als Fleisch.

In Straßenrestaurants und Garküchen beweise ich dieses blinde Vertrauen in den Koch auch oft unfreiwillig. Da zeige ich dann auf irgendwas, was lecker aussieht oder am wenigsten gruselig, und hoffe auf das Beste.

Mit oder ohne Karte und je nachdem, wie entscheidungsfreudig und sprachgewandt man ist, hat man jetzt schon einen ordentlichen Teil des Abends rumgekriegt. So weit, so gut, aber was macht man jetzt so ganz allein mit seinem Glas Champagner, nachdem der Kellner die Karte wieder an sich genommen hat? Hier beginnt für viele die wahre Herausforderung des Alleinessens.

People Watching

Einige schwören aufs Leutegucken. Live-Fernsehen sozusagen. Das kann aber genau wie beim echten Fernsehen schnell langweilig werden. Für mich funktioniert das also nur, wenn ich an sehr exotischen Orten bin. Dort, wo mich selbst das ganz normale Straßengeschehen fasziniert. Garküchen und Märkte etwa eignen sich gut. Orte, wo ich auch von jeder noch so nichtigen Sache Fotos mache, exotischer Alltag eben. An solchen Orten sitze ich gerne auf einem viel zu kleinen Plastikhocker, versuche elegant Suppe zu schlürfen (klappt natürlich nicht!) und langweile mich nie. Für andere sind das Straßencafés in Europa oder New York. Da, wo die vermeintlichen Carrie Bradshaws flanieren und es so richtig was zu gucken gibt. Oder auch mal zu lästern.

Wenn man nicht auf der Straße vor dem Restaurant sitzt, ist man für das *People Watching* auf einen Fensterplatz angewiesen oder auf das Innenleben des Restaurants beschränkt. Was es zu gucken gibt, steht und fällt dann mit den anderen Gästen, und leider kann man sich nicht darauf verlassen, dass die Klientel eins a Fernsehqualität hat. Wer sich aber darauf einlassen will, fragt am besten nach einem Platz mitten im Getümmel oder am Fenster. Wie gesagt: Niemand setzt Baby in eine Ecke.

Bücherwurm

Um unabhängig vom Unterhaltungsfaktor meiner Mitesser zu sein, habe ich eigentlich immer ein Buch dabei, wenn ich essen gehe. In Cafés fällt das meistens nicht so auf, aber ich lese auch, wenn ich in einem schicken Restaurant bin. Das kann mein Reiseführer sein, ein Magazin oder ein Roman, halt irgendwas, womit ich mich beschäftigen kann, wenn ich keine Lust mehr habe, mir andere Leute beim Essen anzugucken.

Schon als Kind saß ich lieber in der Ecke und hab gelesen, als mit den anderen Kindern zu spielen. Das hat sich bis heute nicht geändert. Introvertiert zu sein hat oft seine Vorteile, wenn man allein unterwegs ist. Vor ein paar Jahren hab ich allerdings meine Bücher gegen einen Kindle eingetauscht. Nachdem ich im Seychellen-Urlaub vier Bücher in einer Woche gelesen habe und dann wieder von vorne anfangen musste, war das eine gute Investition. Leider ist mir der Kindle später im Dschungel von Borneo kaputtgegangen, seitdem lese ich auf meinem iPhone. Das ist noch praktischer, denn das hab ich ja sowieso immer dabei.

Eine Freundin erzählte mir, dass sie die Zeit im Restaurant oft nutzte, um die jeweilige Landessprache ein bisschen zu üben. Diese Idee habe ich in Brasilien mit meinem Weindebakel eher erfolglos getestet. Aber für Leute mit mehr Sprachgeschick ist das bestimmt eine gute Art und Weise, den Abend zu verbringen und das Gelernte gleich in Wein zu verwandeln.

Wer nicht gerne liest, dem empfehle ich Hörbücher oder Podcasts. Und wenn es WLAN gibt, ist der Abend sowieso gerettet. Wer braucht schon Begleitung, wenn er Facebook hat?

Stammtisch

Egal ob mit oder ohne Buch, der Bartresen ist der beste Freund des Alleinessenden. Hier ist es nicht nur akzeptabel, sondern so gut wie die Norm, allein zu sitzen. Wer hier zu zweit zum Essen sitzt, hat einfach keinen Tisch bekommen. Also hat man als Alleinessender entweder seine himmlische Ruhe oder kommt schnell mit den Nachbarn ins Gespräch, ganz wie gewünscht.

Wenn es keine Nachbarn gibt, gibt es immer noch den Barmann, und der freut sich im Zweifelsfall über ein bisschen Unterhaltung, zumindest wenn der Laden leer ist.

Ein bisschen gemütlicher geht es am Küchentresen zu, der oft hippe Restaurants schmückt. Solche sind für mich ein richtiges Highlight. Denn hier darf man den Köchen offiziell in die Töpfe schauen, und das finde ich spannend. Als ich in Rio im schicken Zuka essen wollte, platzierte mich die nette Hostess ungefragt am Küchentresen. Mit den Worten, das wäre doch bestimmt spannender für mich. War es auch. Dass es für ein vollbesuchtes Restaurant natürlich logistisch einfacher ist, eine einzelne Person an den Tresen und nicht an einen Tisch für zwei zu setzen, war bestimmt auch ein Grund. Aber trotzdem, ich fand es umsichtig. Das iPhone blieb in meiner Tasche, und ich habe stattdessen lieber die Köche genervt und allen ganz genau auf die Finger geschaut. So nahe am Geschehen zu sitzen, hat sich angefühlt, als hätte ich den besten Platz im Haus.

Essen essen

Und dann gibt es natürlich noch die Möglichkeit, sich mit dem Wesentlichen im Restaurant zu beschäftigen – dem Essen. Was? Wie? Und sonst nichts? Nee, sonst nichts. Einfach mal bewusst auf den Teller schauen und sich auf das konzentrieren, was da vor einem liegt. Mit der Gabel, den Stäbchen oder den Händen etwas nehmen und es sich in den Mund stecken. Und dann gut kauen, wie meine Mama jetzt einwerfen würde. Und genießen. Wie geht das noch mal mit dem Genießen? Dem Schmecken, dem Fühlen von Texturen und, ja, auch mit dem richtigen Kauen? Das ist etwas, das wir eigentlich viel zu selten machen, denn irgendwie wird das Essen beim Essen schnell zweitrangig. Sei es durch schnödes Fernsehen, eine tiefe Unterhaltung mit den besten Freunden oder weil wir versuchen, während des Dates so verführerisch wie möglich beim Spaghettiaufdrehen auszusehen.

Aber allein bietet sich die perfekte Chance, sich mal wieder aufs Essen zu konzentrieren. Besonders wenn man einen Teller mit etwas Neuem, vielleicht auch etwas Undefinierbarem vor sich stehen hat. Was kenne ich? Was ist mir fremd? Ich finde, dass sich die Kultur eines Landes besonders gut über das Essen erschließen lässt, und dafür sollte man ihm volle Aufmerksamkeit schenken. Statt so schnell wie möglich zu essen, um satt zu werden und sich aus der unbequemen Situation des Alleinseins zu befreien, einfach mal langsamer werden. Das ist sowieso eine gute Idee, nicht nur beim Essen. Sich Zeit nehmen, um die Rosen zu riechen, sagt man dazu im Englischen. Während ich Rosen zwar ganz okay finde, rieche ich lieber an Nudeln, Couscous oder geheimnisvollen Kräutern. Mit einem leckeren Gericht ist man doch eigentlich nie allein.

Anders essen

Ich hoffe, dass du dem Alleinessen jetzt einmal eine faire Chance geben wirst. Und wenn du es dann probiert hast und trotzdem noch gerne ein paar Alternativen hättest, wie du deinen Bauch füllen kannst, bitte schön:

Ich kann gar nicht genug hervorheben, wie gerne ich Essen zelebriere, Neues auf meinem Teller entdecke und Bekanntes wie lang vermisste Freunde begrüße. Dabei ist es mir meistens egal, wo ich esse. Das Was ist viel wichtiger – ich habe bessere Mahlzeiten auf Teppichen und am Straßenrand sitzend gegessen als auf manchem Philippe-Starck-Gebilde, das sich Stuhl schimpft. Womit ich auch schon bei der ersten Restaurantalternative für Soloesser wäre: *Streetfood*. Leider gibt es dafür keine gute deutsche Übersetzung. «Straßenessen» klingt doch irgendwie unappetitlich, und eigentlich kommen dem Konzept des Streetfood in Deutschland auch nur die Bratwurst und der Döner nahe. Und die haben so gar nichts mit dem zu tun, was mir gerade durch den Kopf geht. An euch denke ich, Pa Tong Ko! Das sind die kleinen, frisch frittierten, donutartigen Gebilde aus Thailand. Diese taucht man am besten noch warm in grünen Pandanpudding. Klingt komisch, schmeckt aber himmlisch. Dafür stehe ich sogar Schlange, wenn ich in Bangkok bin.

Streetfood kann meistens – je nach Fingerfertigkeit mit den lokalen Esshilfen – im Stehen gegessen werden. Oder eben auf kleinen Plastikhockern und wackeligen Tischen am Straßenrand. Die laden selten zum Verweilen ein, und manchmal helfen auch nah vorbeirasende Motorräder nach, wenn man zu lange braucht. Aber darin liegt auch der große Vorteil für Alleinessende. Streetfood ist eigentlich immer Fastfood. Man bestellt, isst, bezahlt und geht. Hier guckt einen definitiv keiner komisch an, wenn man allein an einem Tischchen sitzt. Meistens muss man sich das Tischchen sowieso mit anderen Alleinessenden oder gar einer Großfamilie teilen. Ein Platz wird frei, und der nächste Esser übernimmt. Streetfood ist interaktiv und immer in Bewegung.

Aber ... Dieses ABER steht immer groß im Raum beim Thema Streetfood. Wird man da nicht krank? Und ist das nicht unhygienisch? Und überhaupt, ich will keine Chicken Wings essen, wenn neben mir ein echtes Huhn rumläuft!

Hier ein paar einfache Regeln fürs sichere Streetfood-Essen:

> Geh dorthin, wo die längste Schlange mit den meisten Einheimischen ist. Die wissen, was gut ist; wenn es am Nachbarstand genauso gut wäre, dann wäre die Schlange dort auch genauso lang.
> Garküchen und Stände beschränken sich oft auf ein oder wenige Gerichte. Die gibt es dann auch nur so lange, bis alles aus ist. Das heißt, dass die Zutaten immer frisch sind. In Restaurants, die eine große Karte haben, müssen häufig genug auch mal Dinge aufgebraucht werden, manchmal zum Leid des Kunden. Daher bin ich in Restaurants mit wenig Kundschaft sehr viel vorsichtiger.

> Ich esse nur Dinge, die gebraten, gekocht oder geschält sind. Nee, das ist gelogen. Ich esse eigentlich alles, was ich in meine kleinen, gierigen Finger kriege. Tatsache ist, dass ich mir erst zweimal in meinem Leben so richtig den Magen verdorben habe. Einmal waren daran gebratene Nudeln vom China-Lieferservice in New York schuld und einmal Pad Thai in einem Restaurant in Thailand. Von Obst, Kräutern oder Salat ist mir noch nie was passiert. Aber wer nervös ist oder einen empfindlichen Magen hat, verzichtet erst mal auf Salate und andere frische Zutaten.

> Händewaschen nicht vergessen, so, wie Mama uns das beigebracht hat. Wenn es kein Wasser gibt, hilft antibakterielles Gel, auch für die Essutensilien. Man hofft natürlich, dass auch der Koch Reinlichkeit von seiner Mutter gelernt hat. Zum Glück ist beim Streetfood ein Blick hinter die Kulissen einfach ein Blick auf den Topf am Straßenrand. Da kann man schnell sehen, ob hier auch unter bescheidenen Umständen Sauberkeit groß geschrieben wird.

> Wen die frischen Hühner oder andere Lebewesen im Umfeld stören, dem kann ich nicht helfen. Man würde sich doch eigentlich freuen, wenn die Chicken Wings bei KFC genauso frisch wären.

Und nein, KFC ist kein Streetfood. McDonald's ebenfalls nicht. Bei McDonald's im Ausland zu essen, zählt nicht. Wer dort isst, darf sich auch eigentlich nicht vor Streetfood fürchten. Streetfood-Anfängern empfehle ich eine *Foodtour*. Da is(s)t man auch nicht allein, hat also gleich zwei Fliegen mit einer Klappe in fliegenfreier Umgebung geschlagen.

Meine erste Foodtour habe ich in Marrakech gemacht. Meine amerikanische Freundin Amanda und ihr marokkanischer Mann Youssouf haben vor einigen Jahren «Marrakech Food Tours» gegründet, um die verschiedenen Kulturen im wahrsten Sinne des Wortes an einen Tisch zu bringen. Wer in ihr Programm aufgenommen werden will, muss zwei Anforderungen erfüllen: Würden Amandas amerikanische Eltern hier essen, und wären auch Youssoufs Eltern mit dem kulinarischen Angebot zufrieden? Nach diesen Kriterien führen die beiden ihre hungrigen Gäste durch die engen Gassen. So kann man unter fachkundiger Anleitung Tagia essen, Marrakechs Nationalgericht, lernt, wo es die besten Teilchen gibt und wo die beste Schneckensuppe, und probiert Hout Quari, ein Sandwich, das mit Sardinenbällchen gefüllt ist. Letzteres war so lecker, dass ich Youssouf bat, dem Koch zu sagen, dass ich seine *balls* sehr gerne mochte. Das reichte zumindest im Englischen aus, um Youssouf erröten zu lassen und mich mit erhobener Augenbraue zu fragen, ob ich mir sicher sei, dass er das dem Koch ausrichten sollte.

Um solche und andere kulinarisch-sprachlichen Missverständnisse zu vermeiden, ist eine Foodtour toll. Und natürlich auch, um in netter Begleitung das beste Streetfood der Stadt zu finden. Garantiert ohne Touristenfallen oder verdorbenen Magen.

Während eines Homestays in Thailand traf ich

eine unglaublich nette Neuseeländerin. Unsere Gastgeberin hatte uns gerade das beste Essen der Welt serviert, wir hielten uns die Bäuche und überlegten, ob eine dritte Portion wohl noch irgendwie reinpassen würde. Keiner bewegte sich, und ein seliger Gesichtsausdruck, wie er sich nur nach einer wirklich herausragenden Mahlzeit zeigt, verband uns. Umso mehr erstaunte es mich, als die Neuseeländerin verkündete, dass sie ursprünglich Angst vor dem thailändischen Essen gehabt habe. Sie hatte erwartet, sich von KFC und McDonald's zu ernähren. Die Vorstellung, nach Thailand zu fahren und nicht alles Essen zumindest probieren zu wollen, war mir unglaublich fern und erschien mir unglaublich traurig.

Wer aber heimlich ähnliche Gedanken hegt, dem lege ich Konzepte wie BonAppetour ans Herz. Denn die besten landestypischen Gerichte bekommt man meistens privat serviert. BonAppetour ist ein bisschen wie Airbnb, nur zum Essen. Man lädt sich gegen Bezahlung bei Privatleuten zum Essen ein, was bedeutet, dass man a) nicht allein essen muss und b) leckeres regionales Essen serviert bekommt. Das sollte genug sein, um einen von McDonald's & Co fernzuhalten.

Das Prinzip, einen Haufen Leute an einem großen Tisch zu platzieren, sie zu füttern und aufs Beste zu hoffen, ist nicht neu. Aber bisher war es Familien an Weihnachten oder zu runden Geburtstagen vorbehalten. Heutzutage kann man für dieses zweifelhafte Privileg auch bezahlen. Das ist dann mal mehr der weniger amüsant, aber auf jeden Fall eine gute

Alternative zum Alleinessen. Inzwischen gibt es überall Restaurants, die anstatt einzelner Tische eine große Tafel haben, an der man entweder ein gemeinsames Menü oder auch einfach nur einen Teller in Gesellschaft essen kann.

Und dann kann man natürlich noch selbst kochen. Wem dabei nach Sozialkontakten ist, macht am besten einen Kochkurs. Das ist oft weniger Arbeit, als man denkt, weil einem meist das Gemüse schon geschnippelt hingestellt wird, schließlich bezahlt man dafür. Und zum Glück ist es auch meistens idiotensicher, dafür sorgt der «Lehrer», denn das Ganze soll ja auch noch gegessen werden. Schlechtes Essen sorgt für schlechte Bewertungen auf TripAdvisor, und so hat die Kochschule ein Eigeninteresse daran, dass keiner der Köche den Brei verdirbt.

Die meisten Kochkurse funktionieren daher nach dem IKEA-Prinzip – man bekommt die Einzelteile geliefert und kocht dann unter Anleitung. Ein perfektes Baukastensystem, für Anfänger wie für Fortgeschrittene. Denn auch wenn man wie ich beim Kochen eher überambitioniert ist – wer schnippelt schon gerne Gemüse? Ich zumindest konzentriere mich lieber aufs Probieren und Weintrinken während des Kochens.

So oder so sind Kochkurse toll, um unter Gleichgesinnten zu essen. Das gemeinsame Am-Herd-Stehen, das Rühren, das Probieren, das «Vorsicht-Feuer!»--Brüllen – das verbindet irgendwie, und so findet man schon vor dem Essen neue Freunde. Selbst die, die lieber Zigarette rauchend vor der Tür stehen und

hoffen, dass irgend jemand anderes rührt und Feuer löscht, finden dort meist noch jemanden, der das auch hofft.

Was der Bauer nicht kennt ...

Wie du inzwischen weißt, liebe ich es, zu essen und auf Reisen zu essen. Jemand, der das nicht gerne tut, erntet von mir Unverständnis, jemand, der das nicht kann, den bemitleide ich. Damit geht auch einher, dass ich fast alles einmal probiere. Bis auf Schlange habe ich bisher von allem zumindest eine Zungenspitze gekostet, wenn es mir serviert wurde. Bluttofu, Tausendjähriges Ei, Tarantel, Hirn – das Übliche halt.
Aber oft sind es gar nicht mal diese vermeintlich

exotischen Sachen, die einem auf Reisen Sorgen machen. Irgendwie kann man immer verhindern, Insekten zu essen, wenn man das nicht will, auch wenn man die Sprache nicht spricht. Nein, für viele sind es ganz alltägliche Lebensmittel, die sie meiden wollen bzw. müssen.

Sowohl meine Mutter als auch eine meiner besten Freundinnen sind mit einem äußerst empfindlichen Magen gesegnet oder besser verflucht. Als meine Mutter erklärte, dass sie keinen Parmesan mehr essen oder Champagner trinken könnte, weil sie es nicht vertrage, hätte ich heulen können. Und während das nun wirklich Erste-Welt-Probleme sind, sehe ich, wie diverse Allergien und Unverträglichkeiten sie einschränken. Damit ist sie nicht allein, und viele hält das eben auch vom Reisen ab. So saß meine Freundin neulich mit großen Augen vor mir, als ich von Bali erzählte, nur um am Ende traurig den Kopf zu schütteln und mir zu sagen, dass das für sie mit ihrem Magen wohl nichts sei.

Ich muss zugeben, dass ich so ziemlich alles essen kann. Einiges vertrage ich besser als anderes, aber ich habe weder Allergien noch schlimme Unverträglichkeiten. Ich esse scharf, Gluten, Weizen; Glutamat macht mir auch nichts, und ich habe schon mehr Tiere unbekannter Herkunft gegessen, als ich wissen möchte. Für alle, die mit einem nicht so robusten Magen gesegnet sind, hier ein paar Tipps:

Gluten

Viele asiatische Länder eignen sich hervorragend, wenn du unter einer Glutenunverträglichkeit leidest. Besonders Vietnam ist ein wahres Paradies, denn hier wird selbst ein Großteil der Nudeln aus Reismehl hergestellt. Auch süd- und mittelamerikanische Länder, wo viel mit Kornmehl gekocht wird, eignen sich super. Verzichte aber lieber auf Sojasauce, die oft zu Gerichten in Asien gereicht wird, denn die ist meistens aus Weizen fermentiert.

Ansonsten heißt es, genau aufzupassen, denn auch wenn du direkt sagst, dass du keinen Weizen essen darfst – oder das Äquivalent in der Landessprache –, wird unbeabsichtigt leicht unterschätzt, wo überall Weizen drin sein kann. Weizen im Kuchen? Oh nein, jetzt wo du es sagst!

Eine tolle Quelle mit umfangreichen Guides für glutenfreies Essen auf der ganzen Welt ist der Blog *Legal Nomads* von Jodi Ettenberg. Dort findest du nicht nur tolle Reisegeschichten, sondern auch ihre gesammelten Erfahrungen als Weltreisende mit Zöliakie.

Allergien

Bei besonderen Allergien ist es ratsam, eine genaue Beschreibung in der Landessprache dabeizuhaben und sich vorher zu informieren, ob es Gerichte gibt, auf die du besonders achten musst.

Wenn es mit der Sprache hapert, empfehle ich eine Bilderkarte, auf die du zeigen kannst. Das ist nicht nur bei Dingen hilfreich, die du nicht essen kannst, sondern auch beim Bestellen allgemein.

Wenn du starke allergische Reaktionen bekommst, solltest du immer ein Antihistamin dabeihaben und die Nummer für einen Arzt oder das nächste Krankenhaus. Eine gute Auslandskrankenversicherung solltest du sowieso immer haben!

Vegetarisch / Vegan

Veganer und Vegetarier haben es je nach Land ungleich einfacher oder schwerer als in Deutschland. Huhn zählt für viele nicht als Fleisch und Fisch schon mal gar nicht. Mit ein bisschen gutem Willen und extra Erklärungen lässt sich aber beides meistens leicht vermeiden. Schlimmstenfalls ist dann die Küche etwas fad, in Ländern wie Marokko oder Brasilien isst es sich gerade in ländlichen Gegenden ohne Fleisch sehr langweilig.

Dagegen gibt es in Asien oft eine richtig gute Auswahl. Nach meinem Vietnamaufenthalt habe ich stolz behauptet, dass ich jetzt Veganerin sei, und in Bali stopfe ich mich regelmäßig mit Tofu und Tempeh voll. Während auf Milchprodukte im asiatischen Raum überwiegend verzichtet wird, muss man hier nur ein bisschen aufpassen, da viele Gerichte Eier enthalten und mit Fischsauce gesalzen wird.

In allen Ländern sind Großstädte oft die bessere Wahl als kleinere Orte. Städte wie Portland, Warschau, Singapur und selbst das sonst fleischfressende Kapstadt haben inzwischen tolle vegane Angebote.

Mit Rucksack oder Rimowa

Wenn sie das Wort «Soloreise» vernehmen, denken die meisten erst mal an *Backpacking*. Mit dem Rucksack ferne Länder entdecken, unabhängig von Konventionen wie Geld, Beruf und leidigen Verpflichtungen, und dabei sich selbst finden – die ultimative Freiheit. Die Hippies der Sechziger und Siebziger haben es vorgemacht. Auch wenn sich Menschen eigentlich schon immer mit ihrem Besitz auf dem Rücken von einem Ort zum anderen bewegt haben, markierte der *Hippie Trail* den Beginn des heutigen Rucksacktourismus. Von Europa ging es auf dem Landweg und über Teile der Seidenstraße nach Südostasien. Möglichst billig reisen, um die Reisezeit zu verlängern, und Authentizität waren der Schlüssel zum großen Reiseglück. Der Backpacker war nämlich eigentlich gar kein Tourist, sondern ein Reisender, der sich mehr für Begegnungen mit der lokalen Bevölkerung interessierte als dafür, typische Touristenziele von einer To-do-Liste abzuhaken. Und Geld hatte er nicht nur nicht, sondern wollte er auch gar nicht haben.

Backpacker waren keine herkömmlichen Touristen, sie waren Anti-Touristen. Für die meisten ging es weniger um einen Urlaub als um eine Lern- und Lebenserfahrung. Und so waren es auch meistens junge Menschen, die entweder zwischen Abitur und Universität oder Universität und dem Einstieg ins Berufsleben standen, die zum Rucksack griffen. Eine

ausgedehnte Reise durch Südostasien oder auch mit dem Interrail-Ticket durch Europa war für viele eine Art *Rite of Passage* zum Erwachsenwerden.

Was als wildromantisches Abenteuer ein paar einzelner Freigeister begann, wurde schnell kommerzialisiert. Über die Zeit etablierten sich Treffpunkte entlang des Hippie Trails, oft westlich geprägte Cafés oder Hostels, wo sich die Backpacker trafen, um unter Gleichgesinnten zu sein und Erfahrungen auszutauschen. Irgendwann beschäftigten sie sich weniger mit Einheimischen und lokaler Kultur als mit anderen Backpackern. 1973 tat Lonely Planet dann sein Übriges, als es den wohl bis heute bekanntesten Reiseführer *Southeast Asia on a Shoestring* herausbrachte. Damit war das Backpacking offiziell den Kinderschuhen entwachsen und auf dem besten Weg, ein Massenphänomen zu werden.

Für meine Generation wurde das Bild des Backpackers – Elefanten-Pluderhosen, Ein-Dollar-Mahlzeiten und schmuddelige Hostelbetten, die die ganz große Freiheit versprechen – vor allem durch einen Film geprägt: *The Beach*. Ich glaube, kein Film hat der Reisebranche gleichzeitig mehr geschadet und mehr Gutes getan. Junge Männer und Frauen überall auf der Welt haben entweder Virginie Ledoyen oder Leonardo DiCaprio angeschmachtet und sich nach dem Eldorado Koh Phi Phi gesehnt. Selbst die Szenen im schmuddeligen Hostel auf der Khao San Road in Bangkok betrachteten wir nostalgisch verklärt. Was sind schon dreckige Laken, wenn sie von einer Wegbeschreibung ins Paradies begleitet werden, und ein wahnsinniger Zimmernachbar, wenn auf der anderen Seite Leo schläft? Ein Sprung vom Wasserfall, Partys, Gemeinschaft, Romantik umgeben von leuchtendem Plankton, Dramatik mit Haien – der Film bot alles, was das Abenteuerherz begehrt, und noch viel mehr. Er war eine Verheißung, die einem einflüsterte: «Auch du kannst so eine Reise erleben, trau dich. Just do it!» *The Beach* wurde zum Kultfilm einer Generation. Der Generation Backpacker.

Egal, in welchem Jahr geboren, so oder so ähnlich sehen auch die Bilder aus, die den meisten durch den Kopf schießen, wenn sie «Soloreise» hören. Und das macht vielen Angst, mir ganz besonders. Die Gemeinschaft in *The Beach* sah mir immer zu sehr nach einem Kult aus, und wenn Leonardo einen Introvertierten darstellen soll, der sich erst langsam in die Dynamik der Gruppe einfindet, zähle ich selbst wohl zu einer ganz anderen Kategorie von introvertiert. Die Kategorie, die weder gerne Sexualpartner teilt noch im Kreis tanzt und Kumbaya singt oder für all das durch die Hölle der Khao San Road gehen möchte. Wobei ich Letzteres zurücknehme; die Khao San Road ist durchaus erträglich nachmittags um 15 Uhr für eine zweistündige Fußmassage mit Fruchtshake in der Hand. Oder auch unterhaltsam, wenn man Touristen dabei zusieht, wie sie ein Vermögen für einen gebratenen Skorpion bezahlen und sich wie Jules Verne fühlen.

Auch sonst finde ich die Vorstellung von Urlaub in überbelegten, lauten Hostelzimmern, mit billigen Cocktails aus Plastikeimern, in demselben gebatikten T-Shirt für eine Woche und umgeben von Zwanzigjährigen wenig verlockend. Das hat nichts mit Alter zu tun, ich fand diese Vorstellung auch schon schrecklich, als ich selbst noch zwanzig war. Die gute Nachricht ist, dass Alleinreisen alles sein kann und nichts mit Backpacking zu tun haben muss.

Alleinreisen besagt, dass man sich allein aufmacht und auf Reisen begibt. Nicht mehr und nicht weniger. Zum Glück habe ich das bewusst oder unbewusst schon früh realisiert und fröne seitdem offen meiner Leidenschaft für schöne Hotels, charmante Boutique-Gästehäuser und das *Glamping* (Glamour + Camping). Ich habe zwar einen Rucksack, aber den tausche ich regelmäßig gegen meinen Rimowa-Koffer, und auch meiner Birkenstocks brauche ich mich inzwischen nicht mehr zu schämen. In Hostels schlafe ich zwar gelegentlich, aber immer nur im Einzelzimmer und wenn es mehr zu bieten hat, als nur billig zu sein.

If you can make it there, you'll make it anywhere.

Nun wundert es wahrscheinlich niemanden, dass mich meine erste Soloreise nicht nach Südostasien, sondern nach New York geführt hat. Was für viele das ultimative Reiseziel ist, auf das sie lange sparen, warten, hinfiebern – damit habe ich einfach mal angefangen. Die Liedzeile «If you can make it there, you'll make it anywhere» scheint mir nicht nur auf die Geschäftswelt zuzutreffen, sondern schließt auch New York als Reiseziel mit ein.

Ich wollte damit kein Zeichen setzen oder mir und der Welt etwas beweisen, es waren schlicht praktische Gründe, die mich mit 19 Jahren zum Big Apple brachten – ich wollte in New York studieren. Es standen also Uni angucken und Kurse auswählen auf dem Programm und einfach mal sehen, ob ich mir die Stadt als Zuhause für mindestens zwei Jahre vorstellen konnte. Denn so sehr mich die Idee auch reizte, wollte ich doch nicht so ganz ohne einen ersten Eindruck meine Koffer packen. Ob ich es wohl mögen würde? Dass ich allein flog, lag daran, dass keiner meiner Eltern sonderlich viel Lust auf Großstadt hatte und es sich damals keiner von meinen Freunden leisten konnte, mitzukommen. Nein, das gewöhnlichste Reiseziel für den ersten Solotrip einer 19-Jährigen war New York sicher nicht. Ich bezahlte mein Schnuppern der großen Freiheit mit vielen extra Kellnerstunden vor und auch noch nach der Reise.

Dass ich in keinem Hostel schlief, war mehr den Sorgen meiner Eltern als meiner Abneigung gegenüber Mehrbettzimmern geschuldet, und so wohnte ich im Bowery Grand Hotel. Der Name klingt um einiges aufregender, als es war. Die Webseite wirbt auch heute noch mit «clean towel and bed sheet». Dass die Reinlichkeit solcher Dinge erwähnt werden muss, gibt mir im Nachhinein zu denken. Und dass ich aufgrund der fehlenden Kreditkarte fast nicht hätte buchen können, fand ich beim Anblick meines zellenartigen Zimmers besonders dreist. Ein wackeliges Einzelbett, Bad auf dem Flur, Linoleumboden und ein Schwarzweißfernseher, der an der Wand montiert war. Ob die Handtücher und Laken wirklich so sauber waren, erinnere ich nicht mehr, aber zumindest fand meine erste Kakerlakenbegegnung in New York erst später statt.

Im Nachhinein halte ich New York für ein tolles erstes Soloreiseziel. Wie eigentlich viele westliche Metropolen. Ich habe mal über New York gelesen, dass man sich dort nach fünf Minuten genauso zu Hause fühlt wie nach fünf Jahren. Dem kann ich nur zustimmen, und das ist das Tolle, wenn man hier ist. Es gibt keine Eingewöhnungsphase, kein Anpassen, kein stilles Sich-Kennenlernen. Du landest, steigst aus dem Flieger, und – zack – stehst du wirklich in New York und bist sofort Teil dieser wuseligen, lebendigen Stadt. Denn in New York gehören die Touristen genauso zum Stadtbild wie die Wallstreet-Banker, die Models und Moderedakteure, die Hotdog-Verkäufer und Taxifahrer (und leider auch Donald Trump).

Das kann man mögen oder auch nicht. Die Stadt polarisiert wie wenig andere. Ich kenne niemanden, der ihr indifferent gegenübersteht. Entweder man liebt sie oder man hasst sie, dazwischen gibt es kaum etwas. Aber das weiß man halt erst, wenn man da ist. Und wenn man es mag, dann ist das Gefühl, angekommen zu sein, unglaublich toll. In der Fremde zu sein und sich so zu Hause zu fühlen – wer hätte das gedacht? Ich bestimmt nicht!

Auch ohne Leonardo wurde New York zu meiner

geheimen Insel, zu meiner persönlichen Freiheits-
statue, auch wenn ich nichts von dem tat, was So-
loreisende vermeintlich so gerne tun. Ich saß lieber
im schicken Boathouse Café im Central Park in der
Sonne und freute mich, als ein paar Touristen sich
über meinen neuen Hosenanzug mokierten. Auf
Deutsch, denn sie hielten mich für eine New Yorke-
rin, die sie sicher nicht verstehen würde. Ich schlich
mich ohne Ausweis, der beweisen konnte, dass ich 21
war, in Jazzclubs im West Village und fand den oh so
touristischen Blick vom Empire State Building herrlicher als alles, was ich bis dahin gesehen hatte. Ich
lief tagaus tagein vom Hudson River zum East River,
von Uptown nach Downtown und wieder zurück. Ich
bestaunte die glitzernden Läden der Madison Avenue
und träumte mich als Besitzerin eines Soho-Lofts
mit einem überteuerten Kaffee von Dean & Deluca
in der Hand.

Aber ist so eine große Stadt nicht sehr anonym?
Ist man da nicht einsam? Das wurde ich oft gefragt,
auch von mir selbst. Während ich in New York lebte,
hatte ich das Glück, an der Uni tolle Freundschaften
zu schließen, die bis heute, über 15 Jahre später, noch
Bestand haben. Dazu kam eine Menge mehr oder
weniger guter, teils oberflächlicher Bekanntschaften, mit denen ich mir die Tage füllen konnte. Aber
manchmal gab es auch einfach nichts Schöneres, als
allein zu sein. Es gab Momente, da lief ich eingebet-
tet in die Anonymität der großen Stadt wie auf einer
Wolke der Glückseligkeit. Keiner kannte mich, keiner urteilte, keiner fragte. Ich war allein unter ande-

ren, die auch allein waren. Die Anonymität verband uns, sie trennte uns nicht.

Ich finde, gerade auf Soloreisen kann eine solche Anonymität etwas Wunderbares sein. Wenn man das Alleinsein in sich aufsaugen kann und sich nicht dafür entschuldigen muss. Wenn man von den Menschen um einen herum widergespiegelt bekommt, dass es total okay ist, allein bummeln zu gehen und seinen Himbeermuffin mit niemandem zu teilen. New York hat das Alleinsein in Filmen und in der Literatur zu einer Kunst erhoben. Das kann man traurig finden, bis man selbst dort ankommt und feststellt, dass nichts traurig daran ist, wenn man ohne die Erwartungen anderer im Kopf die Welt entdecken kann.

Hochzeitsreise nur für mich

Meine zweite Soloreise fand fast zehn Jahre später statt und war das komplette Kontrastprogramm. Ich flog von Kapstadt, meinem damaligen Zuhause, auf die Seychellen. Das klingt schicker, als es war, auch wenn man zugegebenermaßen ein bisschen Geld für die Seychellen braucht. Das hatte ich dank einer großzügigen «Spende» meiner Mutter, und von Südafrika aus war das Reiseziel auch nicht so weit und damit abwegig wie vielleicht von Europa. Daran, dass die Seychellen eine der beliebtesten Destinationen für Hochzeitsreisende sind, dachte ich nicht. Ich lauschte fasziniert den Anekdoten meiner Tante, die

von Segeltörns um die verschiedenen Inseln berichtete, vom Schnorcheln im türkisfarbenen Wasser und von frischen Thunfischsteaks bei Sonnenuntergang. Das klang nach entspanntem Abenteuer in sicherer Umgebung, denn eine schnelle Google-Recherche verriet, dass es dort weder giftige Schlangen noch Spinnen gab. Was sollte also schiefgehen? Mein erstes Inselhopping-Abenteuer wartete!

Zunächst ging es nach Mahé, wo ich im Dunkeln ankam und mir freudig in einem leicht nach Seeluft müffelnden Bungalow zum Meeresrauschen ein paar Eier briet. Mehr gab das Catering nicht her, aber es waren die wohl besten Spiegeleier meines Lebens. Am nächsten Tag mietete ich mir ein kleines Auto, einen Minijeep, der zu meiner Nagellackfarbe passte, um die Insel zu erkunden. Zum Glück war ich das

Linksfahren gewohnt, und so stand der großen Freiheit nichts im Wege. Von Mahé ging es nach einer Woche mit der Fähre nach Praslin, wo ich mir trotz noch kleinerer Straßen noch mal das gleiche Auto lieh. Irgendwie musste ich ja schließlich die Kokosnüsse vom Strand zum Hotel transportieren.

Kokosnüsse sind übrigens das Einzige, was dir auf den Seychellen richtig gefährlich werden kann, und ich empfehle einen Liegeplatz weit entfernt von jeglichen Palmen. Wer dann den Strandaufenthalt gut überstanden hat, kann sich auf eine Kokosnuss als Drink freuen. Leider sagte ich mir «Selbst ist die Frau», was zu einer zerbrochenen Terrakottafliese auf der Hotelveranda, aber keinem Kokoswasser führte. Dass Kokosnüsse in jeglicher Hinsicht die härtere Nuss sind, lernte ich beim Besuch einer Schildkrötenfarm auf La Digue. Eine der Riesenschildkröten dort hatte ein beachtliches Loch im Panzer – beim Aufeinanderprallen von Panzer und Kokosnuss hatte sie den Kürzeren gezogen.

Auf La Digue fiel mir zum ersten Mal auf, dass ich allein war. Hier gab es kein Auto, mit dem ich unabhängig durch die Gegend flitzen konnte. Man lief oder fuhr Fahrrad, abends auch mal im Stockdunkeln. Die Spinnennetze, die den Straßenrand säumten, waren voller harmloser, aber dennoch handtellergroßer blauer Spinnen, die Wache hielten. Den einheimischen Fahrradfahrern machte weder das noch die fehlende Straßenbeleuchtung etwas aus. Mir schon. Und so freundete ich mich schließlich mit dem Ehepaar an, das die andere Hälfte meines

Bungalows bewohnte, nachdem ich die beiden eines Abends beim Essen schüchtern gefragt hatte, ob ich wohl mit ihnen nach Hause laufen könnte. Ich wollte nicht stören, ich wollte nur nicht allein durch das dunkle Tal der harmlosen Spinnen und Kamikaze-Fahrradfahrer laufen. Dieser Spaziergang führte zu einer geteilten Flasche importierten Whiskys und der Erkenntnis, dass Menschen kennenzulernen gar nicht so schwer ist, wenn man allein unterwegs ist. Man braucht nur genug Angst vor Spinnen, um den Mut aufzubringen, jemanden anzusprechen.

Schlimmer als die Spinnen waren allerdings die Hochzeitsreisenden. La Digue, eine bekannte Film-kulisse und regelmäßiger Anwärter auf einen der vorderen Plätze im Wettbewerb um die Traum-strände dieser Welt, hatte alles zu bieten, was man sich von einem Romantikurlaub erhofft. Und mich. Barfuß marschierte ich über die Insel, lag glücklich allein mit meinen Büchern am Strand; und das In-timste, was ich in diesen zwei Wochen tat, war, einer Babyschildkröte sanft über den Panzer zu streicheln, während sie sich in meinen Handteller kuschelte. War ich neidisch, wenn ich die glücklichen Paare sah? Vielleicht ab und zu. Aber es erschien mir nicht schlimmer als zu Hause, wenn ich als Single umge-ben von Nicht-Singles war. Die romantische Kulisse nahm ich schon damals eher mit einem professionel-len Auge wahr. Wo würde meine Kamera den besten Sonnenuntergang erwischen, und wie konnte man so eine Naturschönheit beschreiben, ohne in Klischees abzugleiten?

Sicher gab es Momente des bewussten Alleinseins, des Alleinseins, das sich unschön und traurig anfühlt. Meistens war ich mir allerdings sehr dessen bewusst, dass ich an einem der schönsten Orte der Welt sein durfte und einfach frei nach Schnauze meine Tage genießen konnte. In einem unschönen Moment, als mir dann doch mal ein Seufzer à la «Ach, was wäre es schön, wenn man jetzt auch jemanden zum Knutschen hätte» entglitt, da passierte es. Ich sah *ihn*. Er trug trotz ein paar Pfunden zu viel stolz eine rote Speedo-Badehose und räkelte sich baywatchmäßig in den seichten Wellen. Seine (wohl neue) Frau animierte ihn eifrig zu weiteren Posen, während sie glucksend ein Foto nach dem anderen knipste. Das saß. Ich war selten so glücklich, Single zu sein.

Was ich mit diesen kleinen Reiseanekdoten eigentlich sagen möchte, ist, dass es kein richtiges oder falsches Reisen gibt. Wenn du Backpacking machen möchtest, super. Aber wenn du lieber in den Club Med fliegen willst oder dich in sauberen Laken in einem Fünf-Sterne-Hotel in New York räkeln möchtest, ist das auch okay.

Tourist oder Reisender?

Leider hat sich über die Jahre eine selbsternannte Elite von Reisenden entwickelt, die ähnlich wie die Typen in *The Beach* uns glauben machen will, dass man nur so und nicht anders reist. «My way or the highway», sagt der Amerikaner da. Der Highway ist in ihren Augen alles fast schon Verachtenswerte, was ein «echter» Reisender nie tun würde. Den Eiffelturm in Paris sehen? Ha! Wer sich nicht in dunkeln Spelunken mit Absinth betrunken und zwischendurch einem brotlosen Künstler nackt Modell gestanden hat, hat das wahre Paris nicht gesehen. Fünf-Sterne-Resort auf Koh Samui? Viel schöner ist es, auf wunden Füßen durch das Bergland von Thailand zu stampfen und sich abends ungeduscht, aber erleuchtet auf eine Bambusmatte schlafen zu legen. Sich mit Menschen unterhalten, deren Sprache man spricht? Wozu, wenn man doch auch mit Händen und Füßen reden kann!

Interessant ist, dass diese Reisender-versus-Tourist-Debatte überwiegend von den selbsternannten Reisenden geführt wird. Woran das liegt? Ich bin mir nicht sicher, denn eigentlich sollte es einem ja egal sein, wo andere gerne hinfahren oder wie sie am liebsten schlafen und essen, wenn sie dort angekommen sind. Aber anscheinend ist dem nicht so, denn die Reisenden machen sich mit fast missionarischem Eifer über die Touristen her. Das fängt schon beim Reiseziel an. Warum in das touristisch erschlossene Bangkok, wenn man die fast noch unbekannte Metropole Chongqing erkunden kann? Warum in den Krüger Park, wenn man sich in der Steppe von Botswana seine eigenen Löwen suchen kann? Und warum Fidschi, wenn es doch so viel einsamere, noch weiter entfernte Inselgruppen gibt, wo man Robinson spielen kann? Auf einmal gelten all jene Länder, für die es einen eigenen *Lonely Planet* gibt, der das

Ganze ja ursprünglich zum Laufen gebracht hat, als out. Stattdessen bevorzugt der echte Reisende Länder, deren Namen selbst die meisten Kosmopoliten nicht aussprechen können. Ja, euch meine ich, Guernsey, Myanmar, Niue und Aserbaidschan!

Und natürlich muss es auch schön schwierig sein, dort hinzukommen. Visa-Verfahren, die einem FBI-Verhör ähneln, sind die Norm, genauso wie nicht existente Direktflüge. Aber wozu fliegen, wenn man auch mit dem Postschiff oder über Land mit einem Ochsenkarren fahren kann? Dass die Anreise dann ein paar Wochen zur Reisezeit addiert, ist ja eigentlich nur richtig so. Denn wer weiß, in welchen abgelegenen Dörfern man da vorbeikommt, welche neuen Facebook-Freunde fürs Leben man findet, und schließlich ist ja auch immer noch der Weg das Ziel.

Dieser Anspruch hört natürlich nicht auf, wenn man erst mal an seinem Ziel angekommen ist. Authentizität ist der vermeintliche Schlüssel zu allem, und der ist selbstverständlich nicht in den vier Wänden eines Marriott-Hotelzimmers zu finden. Warum man ihn eher in einem überfüllten Schlafsaal zwischen anderen Ausländern finden soll, konnte mir allerdings auch noch keiner erklären. Alles muss erarbeitet werden. Überhaupt, man ist ja nicht zum Spaß hier, Erfahrung lautet das große Zauberwort, und die sammelt man eben nicht, wenn man faul am Strand rumliegt oder sich das Colosseum anguckt.

Wie du siehst, kann ich dieser Debatte nicht viel abgewinnen. Vielleicht, weil mein eigener Reisestil wild zwischen den Extremen pendelt, je nach Land und Laune. Vielleicht aber auch, weil ich es vermessen finde, jemandem vorschreiben zu wollen, wie er zu reisen hat. Außerdem sind viele vermeintlich von Touristen überlaufenen Attraktionen nicht ohne guten Grund so beliebt. Um nichts in der Welt hätte ich einen wenn auch wolkenverhangenen Sonnenaufgang über Angkor Wat missen wollen. Oder den Anblick der faszinierenden Terrakottaarmee in Xi'An. Und schon gar nicht meinen ersten Blick vom Empire State Building. Die Insel Koh Phi Phi, wo *The Beach* gefilmt wurde, ist heute so überfüllt und dreckig, dass viele sie «Koh Pipi» nennen. Ob man da nun noch hin möchte, kann man sich überlegen, aber es ist zumindest ein Tribut ihrer einstigen Schönheit und Faszination.

Die von vielen Reisenden heißgeliebten Begriffe «off the beaten path», «the road less traveled» und «hidden gem» bringen mich zum Gähnen, denn sie haben in Zeiten des Internets sowieso fast jegliche Relevanz verloren. Der Backpacker-Trend, der sich gegen etablierte Reiseklischees wenden wollte, ist selbst zum Klischee geworden und daher für mich irrelevant. Auch ich bin schon durch die Berge von Thailand gewandert, habe dabei einen Zehennagel verloren, was ich großartig fand und mich wie einen Abenteurer fühlen ließ. Das ist okay. Aber ich liege auch genauso gerne am Pool in einem Fünf-Sterne-Hotel. Ich könnte dir sogar eine Top-Ten-Liste meiner liebsten Pools schreiben, weil ich das so gut kann, das Am-Pool-Liegen. Darum ist es mir auch herzlich egal, ob jemand sein ultimatives Reiseabenteuer so oder anders definiert. Wir sind doch eigentlich alle erst mal fremd, wenn wir unser Zuhause, unser Herkunftsland verlassen. Wir sind überall zu Gast. Es gibt kein Richtig oder Falsch, nur ein anders, und wichtig ist, was sich für den Einzelnen gut anfühlt. Ich halte es mit meinen Reisen so, wie es Pippi Langstrumpf mit der Welt hält, und mache mir jede einzelne so, wie sie mir gefällt. Und genau das solltest du auch tun.

Die Sache mit der Komfortzone

Was ist eigentlich diese Komfortzone, dieser Wohlfühlbereich, von dem alle reden, und was ist so schlecht daran, dass man unbedingt da raus soll? Schlecht daran ist per se erst mal nichts. In unserer Komfortzone fühlen wir uns sicher und geborgen, können frei agieren und unser tägliches Leben meistern. Die Hochs und Tiefs sind hier meistens überschaubar, und deshalb mögen wir sie so gerne. Veränderungen jeglicher Art testen die Grenzen unserer Komfortzone, auch wenn wir sie nicht gleich zwangsläufig verlassen. Wir verlieben uns, bewerben uns auf einen neuen Job, bekommen Kinder, geliebte Menschen sterben. Mal mehr, mal weniger heftig sind die Auswirkungen und Reaktionen darauf. Ich habe eine Hassliebe zu Veränderungen, denn ich habe lange das große Potenzial verkannt, das in ihnen liegt. Darin, eben genau an den Rand der Komfortzone gebracht oder auch mal darüber hinaus geschubst zu werden. Das passiert manchmal freiwillig, aber sehr oft auch, ohne dass ich das geringste Interesse daran gezeigt habe. Daher ist es ganz gut, wenn ich das vorher schon üben konnte, freiwillig und nach meinen eigenen Parametern. Wie ich den Unterschied erkenne? Ich höre auf meinen Körper. Da gibt es das gute Kribbeln und den Stein im Bauch, das Herzflattern und das Herzrasen, ein Gefühl bringt mich zum Grinsen und das andere will, dass ich mir die Decke über den Kopf ziehe, und treibt mir die Tränen in die Augen. Manchmal sind die Unterschiede fließend, je nach Situation. Aber irgendwie bin ich besser auf das Unfreiwillige, das Unschöne vorbereitet, wenn ich vorher schon ein bisschen geübt habe.

Das freiwillige Verlassen der Komfortzone ist unglaublich. Ist man erst mal aus dem Kreis rausgetreten, hat sich getraut, ist mit Augen zu gesprungen, passieren wirklich magische Dinge. Das Gefühl ist ziemlich unbeschreiblich, und darum versuche ich gar nicht erst, es zu beschreiben, aber fordere jeden entschieden dazu auf, es einmal zu probieren. Und wenn gerade kein Objekt zum Verlieben in der Nähe ist, was wäre dann besser, als sich auf die erste Soloreise zu begeben?

Wie du nun weißt, ist Soloreise nicht gleich Backpacking. Wenn du also keine Lust auf Hostel und Rucksack hast, kein Problem! Jeder Mensch definiert Abenteuer anders und hat seine eigene Komfortzone. Die einzige Definition von Soloreise ist, dich allein aufzumachen.

Es gibt ein bekanntes Bild zur Komfortzone, das

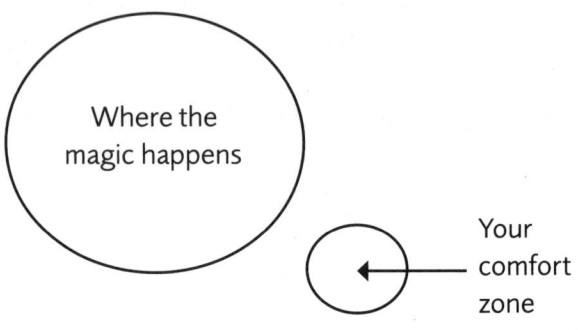

universell gültig ist und in dem diese in weiser Voraussicht nicht definiert wird. Keine ist richtig oder falsch, besser oder schlechter als die eines anderen. Auch als vermeintlich obercooler Backpacker oder ewiger Weltreisender hat man noch eine Komfortzone, die man mal verlassen könnte. Ich werde immer noch nervös, wenn ich abends in einer fremden Stadt lande und mir ein Taxi nehmen muss. Andere schlafen erst mal tief und fest ein paar Stunden am Flughafen, bevor sie sich in den ersten lokalen Bus schwingen. Einige fürchten sich schon, wenn sie knietief im Ozean stehen, während es bei mir nur wohlig im Magen kribbelt, wenn ich beim Tauchen einen Hai sehe.

Auch wenn das Konzept «Flug buchen, fliegen, zum Hotel fahren, einchecken» für mich nichts Erschreckendes hat, kann ich nachvollziehen, dass der Gedanke daran manche Menschen überfordert. Meine Mutter ist meistens schon am Bahnhof komplett verloren, und das, obwohl sie in den meisten Dingen des Lebens eine unglaublich mutige, weltoffene Frau ist.

Wenn es um die Planung der ersten (oder auch zweiten oder dritten) Soloreise geht, ist es daher müßig, sich mit anderen zu vergleichen, denn damit erstickt man meistens den so wichtigen ersten Impuls. Erweitere deine Komfortzone, wie es dir gemäß ist.

Und wie weiß ich, was zu mir passt? Das lernt man meistens erst unterwegs und manchmal auch erst nach einigen Fehlversuchen. Am Anfang verlasse ich mich immer auf mein Bauchgefühl, auf die kleine, oft leise Stimme im Hinterkopf. Schlägt bei dem Gedanken, durch die wuseligen Bazare Marokkos zu laufen, dein Herz höher, oder kriegst du schweißnasse Hände und fängst an zu zittern? Zaubert der Gedanke an einen einsamen weißen Sandstrand ein Lächeln auf dein Gesicht, oder fühlst du dich jetzt schon so allein, dass du losheulen könntest? Welche Bilder aus Fernsehsendungen lassen dich in die Ferne träumen, welche interessieren dich nicht und welche bereiten dir Albträume? Berge oder Meer? Meer oder See? See oder Pool? Die Optionen sind unbegrenzt, und es liegt allein an dir, zu entscheiden, welche Art des Reisens deine sein soll. Die Frage «Barfuß oder Lackschuh?» ist nicht nur eine Frage des Budgets, sondern auch der eigenen Vorlieben. Luxus ist Definitionssache, für einige ist es Einsamkeit ohne WLAN, für andere ein Hotel mit iPad auf dem Zimmer und Businesscenter. Alles geht, nichts muss.

Reisen ist nicht gleich Backpacking, und genauso

wenig ist es definiert durch Luxushotels oder Kreuz-
fahrtschiffe, durch Städtereise oder Strandurlaub,
Bergbesteigung oder Inselhopping. Reisen heißt,
sich in Bewegung zu setzen, sich an einen anderen
Ort zu begeben. Ob dieser andere Ort zehn, hundert
oder tausend Kilometer entfernt liegt, ist eigentlich
erst mal egal, das sind nur Details. Reisen ist immer
ein Sichöffnen für etwas Neues (oder sollte es zumindest sein). Sich eben ein kleines bisschen aus der
Komfortzone bewegen. Eine Lernerfahrung, eine Be-
reicherung des eigenen Lebens und vielleicht auch
ein Berühren von anderen Leben. Wie du das machst,
ist ganz dir überlassen.

Der erste Solotrip ist für Neulinge schon aufregend genug. Ich weiß noch, wie sich dieser erste
Schritt allein in die Welt angefühlt hat. Das war wie
der erste Schultag und Tanzschule zusammen. Wenn
du dich aber erst dazu durchgerungen hast, diesen
Schritt allein zu tun, wird es irgendwann unglaublich toll, und wo du dann bist, ist eigentlich egal. Vielleicht nicht total egal, aber auf jeden Fall zweitrangig. Die überstrapazierte Redewendung «Der Weg ist
das Ziel» ist hier durchaus angebracht. Das Reisen an
sich ist das Abenteuer, nicht die Destination, und das
gilt ganz besonders fürs Alleinreisen. Mit diesem
Gedanken im Hinterkopf kann man sich von allem
inspirieren und sollte sich von nichts abhalten lassen.

Eine Freundin erzählte mir neulich, dass eine Bekannte sie eingeladen hatte, mit nach Bali zu kommen. Die Idee war ihr ein Graus, während mein Herz
beim Wort Bali sogleich höher schlug. Was willst *du*

denn?, fragte ich sie. Einen Italienisch-Sprachkurs, sagte sie wie aus der Pistole geschossen. Ach, was für eine schöne Sprache, und Italien habe sie schon immer gerne gemocht, und das Essen erst! Ihre Augen leuchteten. Ein paar Wochen Sprachferien in einem kleinen italienischen Ort, das wäre ihr Traumurlaub. Und ich sah sie schon dort. Während ich dieser Idee persönlich nichts abgewinnen kann, konnte ich mir für meine Freundin kein perfekteres Urlaubsszenario vorstellen. Das war sie in Urlaubsform – Italien, Lernen, mediterrane Küche.

Ich glaube, dass es für jeden eine perfekte Art des Reisens gibt. Für einige mehr als für andere, aber irgendwas passt, man muss es nur finden. Es gibt kein Richtig oder Falsch.

Übung macht den Meister

«I travel not to go anywhere, but to go. I travel for travels sake. The great affair is to move.»
ROBERT LOUIS STEVENSON

Hier ist die gute Nachricht: Reisen kann man üben. Wenn man sich das Zitat von Robert Louis Stevenson dabei zugrunde legt, dann ist es sowieso erst mal egal, wohin die Reise geht. Es geht darum, sich (fort) zu bewegen. Und als Autor der *Schatzinsel* muss er ja schließlich wissen, wie es geht. Reisen kann also eine Weltreise sein oder eine Busfahrt zum Kirchenbazar der Nachbargemeinde, ein Segeltörn auf den sieben Weltmeeren oder auf dem Wörthersee. Als Kind träumte ich von einer Reise nach Frankfurt, um dort bei H & M einkaufen zu können, als Jugendliche wollte ich dann lieber zu GAP nach New York. Reisen kann man üben, in kleinen Schritten oder in großen Sprüngen, mit jedem die eigene Komfortzone ein bisschen erweitern. Den Schmetterlingen im Bauch ein bisschen mehr Freiraum geben und die eigene Leine etwas lockerer lassen, darum geht es bei jedem Schritt.

Wie geht das konkret? Zum Beispiel das schöne Konzept vom Urlaub auf Balkonien ausweiten. Mal in der eigenen Stadt Tourist spielen und Dinge tun, die man sonst nicht tun würde. Allein in eine Ausstellung gehen oder ins Kino. Sich die örtliche Kirche mal ohne Gottesdienst ansehen und ihre Geschichte erkunden. Und statt an den Stammtisch sich mal ganz allein in ein unbekanntes Restaurant setzen. Dabei sieht man nicht nur seine vertraute Umgebung mit ganz neuen Augen, sondern oft auch sich selbst.

Sind die eigenen geografischen vier Wände gemeistert, dann vielleicht mal ein Wochenende in einer anderen deutschen Stadt? Nach Hamburg zum Musical oder nach Berlin für die Currywurst? Es gibt eigentlich keine schlechten Gründe, um zu reisen. Findet man sich am Bahnhof erst mal zurecht, kann man als Nächstes den Flughafen meistern, und mit der Tatsache, dass Straßenbahn- und Buspläne eigentlich überall kompliziert sind, muss man sich einfach abfinden.

Wenn du dich schließlich in fremde Länder aufmachen möchtest, aber nicht weißt, wo du mit der Planung anfangen sollst, kann ich dir eine Gruppenreise oder eine Kreuzfahrt ans Herz legen. Wer bei dem Wort Kreuzfahrt entweder an reiche Pensionäre oder Familien mit zu vielen Kindern denkt, der kann beruhigt sein. Kreuzfahrten gibt es heute für die verschiedensten Zielgruppen und Budgets. Gemein haben sie, dass sie Hotel und Fortbewegungsmittel in einem sind und die Freiheit bieten, geplant neue Welten entdecken zu können.

Auch bei den Unterbringungsmöglichkeiten sind die Zeiten vorbei, in denen man sich zwischen Hostel, gammeliger Pension und schniekem Hotel entscheiden musste. Heute gibt es eine neue Generation, und die mag es gerne persönlich: Airbnb, Homestays und Couchsurfing.

Airbnb ist eine Webseite, die einem die eigenen vier Wände für unterwegs bietet. Dort kann man sich nämlich nicht nur ein Zimmer mieten, sondern eine ganze Privatwohnung. Perfekt für die, die keine unpersönlichen Hotelzimmer mögen, gerne ein bisschen mehr Platz haben und so wohnen möchten, wie es die Einheimischen tun. Bei Homestays oder beim Couchsurfing bekommt man dazu noch Familienanschluss. Beim Couchsurfing ist das kostenlos, aber oft schläft man hier im wahrsten Sinne des Wortes auf einer Couch. So wie bei guten Freunden eben, die man in diesem Fall wie heute das meiste im Leben im Internet findet. Bei Homestays bezahlt man eine kleine Summe und bekommt dafür ein Bett, einen Platz am Familientisch und eine authentische Erfahrung mit Land und Leuten. Perfekte Portale für Alleinreisende, die es gerne persönlich mögen und dazu noch Anschluss möchten.

(K)eine Frage des Alters?

Ich liebe Filme wie *The Best Exotic Marigold Hotel*. Eine Gruppe von Senioren, die zufällig im Best Exotic Marigold Hotel in Indien zusammentreffen und dort nicht nur neue Freundschaften schließen, sondern auch ein neues Leben finden. Ich möchte nicht unbedingt schon pensioniert sein oder in Indien leben, aber ich mag die Idee, dass Abenteuer und Reisen nichts mit dem Alter zu tun haben.

Das ist nämlich ein anderes Klischee, das wir der Backpacker-Szene zu verdanken haben. Reisen galt lange als Äquivalent zum Jungsein, erst nach und nach merkten einige, dass man sich in jedem Alter selbst finden kann und selbst finden sollte. Heute sind nicht alle Hostels mit einer Disco gleichzusetzen, und man findet in einigen durchaus ein älteres Publikum, Senioren, Paare, Frauen auf den Spuren von *Eat, Pray, Love* und Männer, die sich statt Porsche eine Weltreise zur Midlife-Crisis gegönnt haben.

Ich muss leider zugeben, dass heute meine eigene Branche, die der Reiseblogger, ihr Übriges zu dem Klischee des Reisens und der ewigen Jugend beiträgt. Will man den Bildern auf den meisten Blogs Glauben schenken, dann sind reisende Frauen stets gebräunt, sehen am besten im Bikini aus und machen den ganzen Tag Yoga, während sie grüne Smoothies trinken. Die reisenden Männer dagegen sind wettergegerbte Abenteurer, die mit ihrer Fotoausrüstung die höchsten Berge besteigen, bevor sie sich mit einer der gebräunten Frauen zum Sonnenuntergang auf dem Surfboard treffen. Und natürlich sind alle nicht nur schön und unglaublich fit, sondern auch jung. Und das ist keine Definitionssache. Dreißig ist hier noch eine magische Zahl, die in unerreichbarer Ferne steht. Mit dreißig hört das Leben auf oder zumindest das Reisen und das Bikinitragen.

Guckt man sich die Auswahl genauer an, findet sich in der Tat ein großes Arsenal an Blognamen, die einen schnell alt aussehen lassen. *Twenty-Something Travel* und *30 Länder unter 30* sind da keine Ausnahmen. Und auch wenn der Name *While I'm Young and Skinny* bestimmt ironisch gemeint ist, unterstützt er eben doch genau dieses Klischee: Man sollte am besten jung und schön sein, um auf Reisen zu gehen. Wie will man sonst Familie, Freunde und die Welt mit entsprechenden Facebook-Bildern und Instagram-Posts neidisch machen? Schließlich muss man sich ja zumindest ausmalen können, dass sich Leonardo DiCaprio für einen interessieren würde, wäre er am selben Ort.

Die Dreißig liegt auch für mich in unerreichbarer Ferne, die Vierzig nicht mehr so sehr. Natürlich habe ich wie alle anderen meine Tage, an denen ich das doof finde, an denen ich mich alt fühle und mich frage, was ich hier eigentlich tue. Ich frage mich, ob ich bisher die richtigen Entscheidungen getroffen habe, ob ich nicht an einem anderen Punkt in meinem Leben sein müsste und es nicht anders doch alles besser wäre. Aber mit dem Reisen hat das wenig zu tun. Diese Fragen stelle ich mir auch, wenn ich zu Hause auf der Couch sitze und Nudeln esse. Diese Fragen stellt sich jeder, immer, irgendwann.

Reisen ist für alle da. Egal, ob du jenseits der dreißig in die eine oder in die andere Richtung bist. Oder der vierzig. Oder der achtzig. Mein Papa ist mit 82 Jahren eins meiner großen Reisevorbilder. Auch wenn er heute nicht mehr mit dem Käfer durch die iranische Wüste fährt oder im Amazonas aus Versehen beim Duschen auf einer Riesenschildkröte steht, reist er ununterbrochen. Er plant Operntouren nach Paris und Verona, Golfreisen, die er für seinen gesamten Club organisiert, und vor ein paar Jahren saß er bei einer Dünensafari in Namibia neben mir. Seine Gehfähigkeit macht ihm heute etwas zu schaffen, das nervt ihn sehr, aber so müssen die Reisen eben ein bisschen angepasst werden. Gar nicht mehr zu reisen, kommt für ihn nicht in Frage – die Welt ist groß, und es gibt noch viel zu sehen. Er reist eben so, wie er es kann, und schon immer, wie es ihm gemäß war. Und genau so sollte man reisen.

Respekt, Glaube und Birkenstocks

Es gibt verschiedene Arten und Weisen des Reisens, und keine davon erscheint mir besser als die andere, wenn sie dir passt. Macht jemand, der sich nur die

großen Touristenattraktionen ansieht und dabei Socken in Birkenstocks trägt, das mit dem Reisen falsch? Ich finde, es gibt kein falsches Reisen, es gibt nur schlechten Geschmack.

Nein, schlechter Geschmack, billiges Bier im Sombrero zu trinken und Sandalen mit Socken zu tragen, macht dich noch nicht zu einem schlechten Reisenden. Damit machst du nichts falsch. Die einzige Art des Reisens, die ich als falsch bezeichnen würde, ist die, wenn man seine Verantwortung als Reisender ignoriert oder ihr wissentlich nicht gerecht wird. Eine Art zu reisen, die allen gemein sein sollte, egal ob Backpacker, Tourist und alles, was dazwischen liegt, beinhaltet, sich vor Ort nachhaltig und respektvoll zu verhalten und sich bewusst zu machen, dass man auch immer eine soziale und ökologische

Verantwortung trägt, wenn man in ein anderes Land fährt.

Schon immer nutzten einige ihr Privileg zum Reisen aus. Aus missionarischer Überheblichkeit, weil man es doch sowieso besser wusste, aus Ignoranz, weil man bald wieder weg war, manchmal aus Versehen, aber oft auch aus schierer Dummheit.

Wenn du dich auf eine Reise begibst, kommst du als Gast. Das ist ganz einfach damit zu vergleichen, einen Freund zu Hause zu besuchen. Die Tatsache, dass man für seine Reise etwas bezahlt, befreit einen nicht von einer gewissen Verantwortung. Keiner würde auf die Idee kommen, einfach seinen Müll in einer fremden Wohnung liegen zu lassen, die Schlafzimmerschränke ohne Einladung zu durchwühlen und sich so schlimm zu benehmen, wie man es in den eigenen vier Wänden nie tun würde.

Wieso viele denken, dass man auf Reisen auch sein gutes Benehmen in Urlaub schicken kann, ist mir ein Rätsel. Da beschwert man sich über Müllberge, die einem die schöne Aussicht verderben, leert aber ohne weitere Gedanken zahlreiche kleine Wasserflaschen am Tag. Schimpft über die vermeintlichen Horden von Chinesen, die sich angeblich nicht benehmen können, aber findet selbst nichts dabei, in Hotpants durch Marrakech zu spazieren und ungefragt Einheimische zu fotografieren. Ist betroffen, wenn man bettelnde Kinder sieht, und fühlt sich gut, wenn man wohlmeinend Bonbons verteilt, realisiert aber nicht, dass man damit zum Teil des Problems wird.

Ob solche Fehler aus Unwissenheit oder Absicht

begangen werden, ist eigentlich egal. Wer in ein fremdes Land reist, sollte sich im Vorfeld zumindest über die wichtigsten Gepflogenheiten informieren. Wem das zu viel Arbeit ist, der sollte zu Hause bleiben, auch wenn gerade ihm oder ihr ein bisschen mehr Reisen und Horizonterweitern gut tun würde. Aber vielleicht ist dann ein Kurs in «Wie benehme ich mich nicht wie die Axt im Walde» und menschlichem Anstand erst mal angebracht, bevor man sein (Un)wissen auf den Rest der Welt loslässt.

Aber wie reise ich nun besser, nachhaltiger und richtiger? Meistens kommt man mit der guten alten Regel «Hinterlass nur Fußspuren und nimm nur Erinnerungen mit» schon weiter. In vielen Entwicklungsländern sind die Infrastrukturen zum Recycling nicht gegeben oder so ausgebaut, wie wir das kennen. Das heißt noch lange nicht, dass man wahllos seinen Müll wegschmeißen und mit einer Ist-doch-egal-Einstellung den Plastikkonsum steigern sollte. Nimm eine Wasserflasche, die du wieder auffüllen kannst, und Wasserfilter, um auch Leitungswasser trinkbar zu machen, wenn es nötig ist.

Das gilt natürlich auch für Verpackungen, insbesondere Plastiktüten, die leider in vielen Ländern noch nichts kosten. Der gute alte Jute-statt-Plastik-Beutel ist da gefragt, und in tropischen Ländern kann man super Bananenblätter zum Einwinkeln oder als Plastikteller-Ersatz nutzen. Wer Müll macht, der nimmt ihn wieder mit, denn wir finden es sicherlich alle doof, mit Plastikflaschen zu schwimmen.

Die südafrikanische Redewendung *local is lekker*

sollte überall gelten – importierter Pizzakäse ist nicht nur teuer, sondern hinterlässt auch einen ordentlichen CO_2-Abdruck. Und letztendlich bist du ja auch nicht weggefahren, um genau das Gleiche wie zu Hause zu essen, oder?

Mit gutem Beispiel versuchen heute die meisten Hotels voranzugehen, wenn es ums Strom- und Wassersparen geht. Lichter und Klimaanlagen gehen automatisch aus, wenn du das Zimmer verlässt, und man hat eigentlich überall die Wahl, seine Handtücher länger als einen Tag zu benutzen – so würde man das ja auch zu Hause machen.

Dass Wasser heute einer der kostbarsten Rohstoffe ist, machen wir uns nach wie vor zu selten bewusst, wenn wir den Wasserhahn aufdrehen. Ich bin da (leider) keine Ausnahme, und besonders auf Reisen, wenn ich keine extra Wasserabrechnung am Ende des Monats bekomme, muss ich mich oft zusammenreißen. Daher war ich dankbar, als ich neulich in einem Eco-Hotel in Sri Lanka war und ein kleines Kärtchen im Badezimmer fand, das genau auflistete, welche Aktivität wie viel Wasser verbraucht.

Und dann ist da noch die Sache mit dem Respekt. Der erfordert oft eine Mischung aus Mit-gutem-Beispiel-vorangehen und Sich-den-lokalen-Gegebenheiten-anpassen. Was gerade angebracht ist, musst du mit gesundem Menschenverstand entscheiden.

2015 wollte ich auf den Mount Kinabalu, einen Vulkan in Borneo, steigen. Kurz vor meiner Reise gab es ein Erdbeben, das die Wege verschüttete, 15 Menschen tötete und nachhaltig dem Tourismus in der

Gegend schadete. Dafür gab es keine Erklärung, man hätte es nicht verhindern können, so was passiert leider. Die Menschen von Sabah sehen das etwas anders. Der Mount Kinabalu ist ihnen heilig, und irgendwas musste wohl die Geister verstimmt haben, dass sie mit einem Erdbeben ihren Unmut kundtaten.

Nach dem Erdbeben wurde recherchiert, wie viele Personen sich zu dem Zeitpunkt auf dem Berg befunden hatten, wo sie herkamen und wer es runter geschafft hatte. Dabei kam heraus, dass auch eine gemischte Reisegruppe mit ihren Bergführern oben gewesen war, die gerne Souvenirfotos der besonderen Art machen wollte. Dazu hatte sich die Gruppe splitternackt vor den einheimischen Führern auf dem heiligen Berg ausgezogen und sich vor der malerischen Bergkulisse ablichten lassen. Als das bekannt wurde, gab der Minister von Sabah zu verstehen, dass der Grund für das Erdbeben jetzt feststünde. Die ungläubigen Touristen hätten mit ihrem unziemlichen Verhalten den Zorn der Geister und damit das Erdbeben heraufbeschworen. Dafür sollten sie nun gerichtlich bestraft werden.

Dass für sie die Geister nicht existent und damit irrelevant waren, war egal. Andere Länder, andere Sitten, und an die hat man sich zu halten. Wer das nicht tut, muss nicht immer, aber immer öfter mit Konsequenzen rechnen. Auch wenn die selten so drastisch ausfallen wie im Fall der nackten Touristen, darf man sie nicht unterschätzen, denn auch in anderen Ländern gilt, dass Unwissenheit eben nicht vor Strafe schützt. Mit der Entschuldigung, dass andere es doch auch tun, kommt man dann nicht weiter.

Besser, man erkundigt sich vorher, was man im Land darf und was nicht. In Thailand spricht man nicht schlecht oder zweifelnd über den König – ausnahmslos, auch nicht als Ausländer. Im Iran bekommt man richtig Ärger, wenn man als Frau ohne Kopftuch durch die Gegend läuft, und in Singapur muss man mit einem Knöllchen rechnen, wenn man sein Kaugummi auf die Straße spuckt. Wer keine Lust hat, sich an solche Regeln zu halten, sollte woanders hinfahren oder doch besser zu Hause bleiben.

Bei der Anklage gegen die Touristen in Borneo kamen diese zum Glück mit einer Geldstrafe davon, und selbst das fanden viele sehr überzogen. Trotzdem finde ich das Verhalten der Gruppe unmöglich, für mich ist es ein perfektes Beispiel dafür, wie man es eben nicht machen sollte, egal ob echte Strafe droht oder nicht. Das nennt man Respekt. In Sabah beinhaltet dieser, dass man moderate Kleidung trägt und nicht nackt die Geister ärgert.

Solche und ähnliche Regeln und Gebräuche gibt es je nach Land mehr oder weniger zahlreich, und oft ist es unmöglich, sie sich alle zu merken. Das verlangt auch keiner. Meistens wird man als Besucher erst mal diskret auf einen Fauxpas aufmerksam gemacht; wenn er schon passiert ist, bekommt man nicht mehr zu sehen als ein leichtes Stirnrunzeln, und meistens ist auch das hinter einem höflichen Lächeln versteckt.

Darüber hinaus sollten wir uns bewusst machen,

dass wir als Touristen (was wir ja letztendlich alle sind, ob man den Begriff nun mag oder nicht) mit unserem Geld Einfluss in einem Land haben. Das heißt nicht, dass wir vorgeben, wie andere zu leben haben, aber dass wir bewusst und nachhaltig Dinge mit unseren Taten und unserem Geld unterstützen können.

Ein Punkt, der mir immer wieder auffällt, ist die Interaktion mit Tieren. Während wir zu Hause viel Geld für unseren Hund ausgeben, ihm womöglich kleine Jäckchen anziehen und ihn mit Biofutter füttern, scheint es mit der Tierliebe auf Reisen oftmals nicht so weit her zu sein. Da haben wir auf einmal kein Problem damit, auf Elefanten zu reiten, und freuen uns, wenn wir ein Selfie mit Tigern machen können.

Zu selten fragen wir nach. Das ist doch Tradition, denken wir. Der Besitzer war ganz nett! Neulich las ich den Kommentar einer Frau, die in einem Sea-World-artigen Zoo gewesen war. Die Delfine hätten die ganze Zeit gelacht, denen müsste es doch einfach gutgehen, schrieb sie als Verteidigung auf die Frage, wie sie solche Parks mit gutem Gewissen besuchen könnte.

Ich bin nicht fehlerfrei. Auch ich bin schon mit Löwen spazieren gegangen, habe mit großen Augen im Dubai Aquarium gestanden, und erst bei meinem letzten Besuch in Marokko habe ich Fotos von Argan-Ziegen im Baum gemacht. Dafür habe ich sogar Geld bezahlt. Erst später, im Gespräch mit meinem marokkanischen Freund, fand ich heraus, dass diese Ziegen mit unsichtbaren Plastikfäden im Baum festgebunden werden und den Touristen für Fotos Geld abgeknöpft wird. Ich habe mich schrecklich gefühlt, und ich hätte es besser wissen müssen. *If it is too good to be true, it probably is …*

Zu oft entschuldigen wir Tierquälerei mit dem Hinweis auf Tradition, dabei kann gerade das Touristengeld eine treibende Kraft für Veränderung sein. In Ländern wie Thailand geht es langsam voran, und der Mythos, dass zum Beispiel Elefantenreiten harmlos ist, wird untergraben. So lösen Elefantenparks wie etwa das Elephant Sanctuary in Chiang Mai langsam traditionelle Ritte ab. Dort kann man Elefanten hautnah erleben, aber nur so nah, wie es den Elefanten passt. Da wird nicht nur den Elefanten Gutes getan, sondern auch die Besitzer, die Mahuts, haben nach wie vor noch Arbeit.

Zum Glück entziehen jetzt auch mehr und mehr große Firmen Touren, die nicht im Sinne der Tiere handeln, ihre Unterstützung. Intrepid Travel bietet schon lange keine Elefantenritte mehr auf seinen Reisen an, und auch TripAdvisor überprüft alle seine Touren, die Tiere zu Unterhaltungszwecken nutzen.

Wenn du dir unsicher bist, ob eine Aktivität dem Tier schadet, sind Webseiten wie die von World Animal Protection oder PETA erste Anlaufstellen. Dazu solltest du dir die Frage stellen, ob es möglich wäre, das Tier so auch in freier Wildbahn zu erleben. Wenn die Antwort nein lautet – wie zum Beispiel beim Löwenspaziergang –, dann ist es wahrscheinlich gut, es bleiben zu lassen. Das Gleiche gilt für Tiere, die

Tricks vorführen, für Fotos mit Gästen posieren, Kämpfe vorführen, oder Wildtiere, die sich anfassen lassen.

Gerade Letzteres passiert oft unter dem Deckmantel des Artenschutzes. Doch leider ist nicht überall, wo Artenschutz draufsteht, auch Artenschutz drin. Genau wie beim Voluntourism* ist oft mit der Hilfsbereitschaft und Gutmütigkeit der Menschen am meisten Geld zu machen. Und natürlich besonders mit niedlichen Baby-Tieren. Denk an Elvira von den *Loony Tunes* und die kleine Katze, die sie immer krampfhaft an sich drückte. Die Katze weinte fasst, während Elvira glückselig war. Wenn du bei einer Tieraktion wie Elvira guckst, dann läuft etwas falsch. Da darf man sich auch nicht vormachen, dass Delfine & Co so glücklich lachen.

Selbst wenn diese Begegnungen oft genutzt werden, um Artenschutz finanziell zu unterstützen, gebe ich mein Geld lieber an Organisationen, dank derer ich die Tiere in ihrer natürlichen Umgebung beobachten kann. Wildtiere sind eben genau das: wilde Tiere. Und die sollte man nur mit einem gesunden Abstand in der Wildnis sehen oder bei David Attenborough. Letztendlich gibt es kein besseres Gefühl, als wenn sich ein Orang-Utan freiwillig über deinen Kopf hangelt, ohne dass du ihn dafür bezahlen musstest.

---

* Ein relativ neues Phänomen in der Tourismusbranche, bei dem Freiwilligenarbeit im Fokus der Reise steht (Volunteering + Tourism).

Egal ob es um andere Menschen geht, um Tiere oder ganz allgemein die Welt, in der wir leben – es ist nicht unsere Aufgabe, anderen zu sagen, wie sie ihr Leben zu leben haben. Dazu haben wir kein Recht und sind selten qualifiziert. Nur weil wir Internet haben, heißt das noch lange nicht, dass wir die Welt in all ihrer Komplexität verstehen; nur, weil ich ein iPhone und Siri habe, kenne ich noch nicht alle Antworten. Wenn wir uns dabei ertappen, andere zu belehren, ohne Hintergrundwissen zu haben, zu reden, ohne gefragt worden zu sein, mehr zu antworten als zu fragen, dann ist es Zeit, einen Schritt zurückzutreten. Schweigen ist Gold, und echtes Zuhören ist Platin. Alles andere macht einen zu einem schlechten Reisenden. Vergiss die Touristenattraktionen, die Socken, die Selfie-Sticks – das ist alles egal. Sei einfach nur kein reisendes Arschloch.

Reisen – Privileg und Pflicht

Reisen ist ein Privileg. Wer behauptet, dass dem nicht so sei, der gehört definitiv zu den Privilegierten. Es ist sogar ein dreifaches Privileg, das sich aus Geld, Herkunft und sozialem Status speist.

Einige Reisegurus predigen, dass jeder reisen kann, wenn er es nur genug will. Man muss eben Prioritäten setzen. Einen Starbucks-Kaffee weniger, 4 Euro mehr fürs Reisesparschwein. Vielleicht das alte iPhone doch noch ein paar Monate länger benutzen und einfach öfter mal zu Hause kochen, anstatt jeden zweiten Abend zum Italiener um die Ecke zu gehen. Dann braucht man nur noch guten Willen und einen Reisepass, und der Rest findet sich schon. Was in der Theorie erst mal schön und gut klingt, ist für die meisten Menschen unmöglich. Das hat nichts mit Prioritäten, sondern alles mit Privileg zu tun.

Um auf Starbucks verzichten zu können, muss man erst mal so privilegiert sein, um sich schlechten Kaffee für 4 Euro leisten zu können. Um sich überhaupt irgendeinen Kaffee leisten zu können. Laut der Hilfsorganisation Oxfam besitzen heute die 62 reichsten Menschen der Welt zusammen «genauso viel wie die gesamte ärmere Hälfte der Weltbevölkerung». Das zeigt, wie groß der Unterschied zwischen Arm und Reich wirklich ist, ein Trend, der stetig wächst.

Diese Zahlen lassen mich still werden und füh-

ren mir vor Augen, wie gut es mir geht. Wie däm-
lich ich eigentlich klinge, wenn ich lamentiere, dass
ich gerade mal wieder total pleite bin. Pleite sein ist
eben auch relativ. Manche Menschen sind durchaus ein bisschen mehr pleite als andere. Es wäre zudem dumm, wenn ich mich tatsächlich mit diesen
62 Menschen vergleichen würde, anstatt zu sehen,
wie unglaublich gut ich im Vergleich mit der anderen Hälfte abschneide. Realität ist, dass für einen
Großteil der Menschen 4 Dollar unglaublich viel
Geld sind, die man nicht einfach mal für ein Heiß-
getränk ausgibt, geschweige denn dass man darauf
verzichtet, um irgendwann mit dem Gesparten einen
Flug zu buchen. Nicht nur bei Starbucks zu kaufen,
sondern auch auf Starbucks verzichten zu können, ist
ein Privileg.

Über Geld spricht man nicht, und wenn, dann nur
ungern, aber Geld ist einer der Hauptgründe dafür,
warum eben nicht jeder reisen kann. Geld, das man
braucht, um zu überleben, um seine Kinder vielleicht zur Schule zu schicken und um ein Dach über
dem Kopf zu haben. Um Dinge zu tun, die uns – und
wenn du das hier liest, bist du einer von *uns* Privilegierten – ganz normal erscheinen.

Wir Reisenden kommen uns sparsam vor, wenn
wir in Garküchen essen und in der Holzklasse mit
den Einheimischen fahren. Und dabei kann man sich
auch noch so schön authentisch fühlen! Schnäppchen sind in und Geiz ist immer noch geil, das gilt
auch beim Reisen. Dein Hostel kostet 10 Dollar die
Nacht? Ha! Meins nur 7 Dollar, da hast du dich wohl

abzocken lassen. Billig zu reisen, scheint ein Wettbewerb geworden zu sein, gerade in der Backpacker-Szene. Wer billiger reist, kann länger reisen. Daran ist erst mal nicht unbedingt etwas falsch, aber Sparfuchs oder Geizhals zu sein ist eben nicht alles, was man zum Reisen braucht.

Doch nicht nur Geld spielt eine Rolle, sondern auch unser Wohnort. Als ich in Südafrika lebte, war ich wohl besser dran als die meisten anderen. Ich hatte einen gut bezahlten Job, eine kleine Wohnung, ein Auto, eine Krankenversicherung und konnte mir auch ab und zu einen Kaffee leisten, der zum Glück in Kapstadt ziemlich lecker ist und umgerechnet nur einen Euro kostet. Trotzdem konnte ich es mir nur sehr begrenzt leisten, zu reisen. Für meinen jährlichen Urlaub musste ich um einiges mehr sparen und nicht nur ab und zu auf den Kaffee zu verzichten. Die südafrikanische Währung, der Rand, ist einfach eine schwache Währung und im Rest der Welt nicht viel wert.

Während die meisten in Thailand in Massagen, lokalem Bier und Currys schwelgen, musste ich auf dieser Reise genau zählen. Für mich waren es Preise wie zu Hause, und da war essen zu gehen ein Luxus.

Als ich das nächste Mal nach Thailand flog, lebte ich inzwischen in Deutschland. Auch wenn mein Konto am Ende des Monats meistens immer noch leer war und ich zum Reisen sparen musste, sah es unterwegs nun anders aus. Sowohl in meiner alten Heimat als auch in Thailand konnte ich mir dank des Euro jetzt die zweistündige Massage leisten.

Der südafrikanische Rand ist leider keine Ausnahme, mit Dollar, Euro und Pfund Sterling jeglicher Art (außer denen aus Zimbabwe) reist es sich einfach besser.

Dass unsere Herkunft oder unser Wohnort nicht nur beim Geldverdienen eine Rolle spielen, merkt man auch, wenn man Reisepässe vergleicht. Alle Menschen sind gleich? Das ist zwar ein schöner Gedanke, aber alle Reisepässe sind es definitiv nicht. Mein Exfreund Larry ist nicht der Einzige, der mit einem minderbemittelten Pass zu kämpfen hat. Die begehrtesten Reisepässe werden daran gemessen, in wie viele Länder man mit ihnen visumfrei einreisen kann. Die Top 10 werden 2017 laut Global Passport Power Rank von Europa, USA und Singapur belegt. Deutschland steht sogar auf Platz 1 – wir Glückspilze können ohne Probleme 158 Länder bereisen, was nicht heißt, dass die anderen unmöglich sind. Zum Vergleich: Menschen aus Sri Lanka können visumfrei nur 35 Länder besuchen.

Nicht dass es für Reisende aus solchen Ländern unmöglich ist, den Rest der Welt zu sehen, aber es ist für sie oft mit erheblichem bürokratischem Aufwand und Kosten verbunden. Ein einziger Besuch beim Konsulat? Davon können viele nur träumen. Visumgebühren, ein Nachweis über den Wohnort, eine Einladung aus dem zu bereisenden Land und Kapital müssen erbracht werden. Letzteres natürlich meistens in einer der beliebten Währungen, die man im Zweifelsfall nicht selbst verdient. Manchmal kommen noch ein polizeiliches Führungszeugnis und seitenlange Fragebögen hinzu, ob man denn wirklich keine bösen Absichten hat. Nein, da haben wir es mit unserem Platz 1 schon richtig gut.

Und auch der südafrikanische Pass zählt noch nicht zu den schlimmsten. China hat erst in den letzten Jahren angefangen, seine Grenzen zu öffnen, und einige Länder hinken diesbezüglich noch hinter China her. Gerade für Frauen ist es in vielen Ländern nach wie vor unmöglich, überhaupt einen Pass zu bekommen, egal was er dann wert ist. Einen Pass zu haben, ist ein Privileg. Einen Pass zu haben, mit dem man visumfrei 156 Länder bereisen kann, ist ein großes Privileg. Wenn ich mir das überlege, schüttele ich den Kopf, dass derzeit weniger als 50 Prozent der US-Amerikaner dieses Privileg in Anspruch nehmen. Wenn mich jemand fragt, was mir das Liebste auf der Welt ist, dann nenne ich, ohne zu zögern, meinen Pass. Er bedeutet für mich Freiheit und Geborgenheit in einem und ist mein Wertgegenstand Nummer eins. Einmal habe ich versucht, ohne Pass nach New York zu fliegen. Ich kam nur bis Paris, und seitdem bekomme ich unschönes Herzrasen, wenn ich ihn mal aus den Augen verliere. Egal ob er gerade in meiner Handtasche steckt oder in seiner Schublade zu Hause liegt, er erinnert mich immer und überall an die Freiheit, die mit ihm einhergeht. Ich reise nicht rund um die Uhr, aber es ist beruhigend zu wissen, dass ich jederzeit loskann, wenn ich will. Sei es nach New York oder Timbuktu. Mein Pass ist meine gute Fee, die mir meine Wünsche erfüllt.

Ja, Leute wie mich meinen die Reisegurus, wenn sie davon sprechen, dass jeder reisen kann, wenn er denn will. Aber sie nerven mich, diese Reisegurus, denn mit dieser Aussage, die sich auf ein Wollen und nicht auf ein Können bezieht, fegen sie schlicht den Großteil der Menschheit unter den Tisch. Denn die machen ihre schöne Theorie durch ihre bloße, nicht-reisende Existenz zunichte.

Neben Geld und Herkunftsland gibt es schließlich auch noch die sozialen Konventionen. Das ist mal wieder etwas, das vor allem die Frauen betrifft. In vielen Ländern und Gesellschaften ist es für Frauen schlicht unmöglich, zumindest inakzeptabel, zu reisen. Erst recht allein. Oft sind solche Konventionen eng verwoben mit Bildung, Gesellschaftsschicht und Religion. Dass sie Frauen einschränken, haben sie alle gemein. Gewisse Dinge gehören sich einfach nicht für ein gut erzogenes Mädchen. Das ist nicht nur eine Einstellung aus den letzten Jahrhunderten, sondern nach wie vor weit verbreitet. Solche Dinge können ein Job sein, eine voreheliche Beziehung oder eben auch Reisen. Wer hier ein simples «Wo ein Wille ist, ist auch ein Weg» dagegensetzen möchte, der war garantiert noch nie in der Situation und hat auch selten genug Empathie, um sich in die Lage anderer zu versetzen, denen es so ergeht.

Sicher gibt es Ausnahmen, und ich kenne einige. Was sie gemeinsam haben, ist, dass sie andere lieber inspirieren als predigen. Lieber praktische Tipps geben, wie man sich selbst aufmachen kann, als sich auf ihren vermeintlich starken Willen zu berufen. Denn kann man Wille wollen oder sich wünschen?

Ich würde mir wünschen, dass all jene, die von ihrem privilegierten hohen Ross aus die Welt sehen, aufhören, anderen zu sagen, dass und wie sie reisen sollten. Die Welt ist klein geworden, zusammengerückt, und Reisen ist so einfach wie noch nie. Dennoch – wer nicht erkennt, dass Reisen nach wie vor ein Privileg ist, der macht dabei etwas falsch. Wer mit offenen Augen durch die Welt geht, sieht nämlich nicht nur ihre Schönheit, sondern auch die unschönen Gründe, die zu genau diesem Ungleichgewicht führen, dass einige reisen können und andere nicht. Es ist ein Privileg, die Wahl zu haben. *Should I stay or should I go ...*

> *«Perhaps travel cannot prevent bigotry, but by demonstrating that all peoples cry, laugh, eat, worry, and die, it can introduce the idea that if we try and understand each other, we may even become friends.»*
> MAYA ANGELOU

Was Reisen und Weltfrieden miteinander zu tun haben

Ich habe mir nie viel Gedanken darüber gemacht, warum ich reise. Irgendwann habe ich gemerkt, dass ich mich besser fühle, wenn ich unterwegs bin. Ich bin netter, offener, nachsichtiger – eine bessere Ver-

sion meiner selbst. Lustigerweise passiert das nicht unbedingt dann, wenn ich faul am Strand liege und man meinen könnte, dass ich jetzt besonders entspannt wäre. Es passiert meistens, wenn ich mit den Knien im Schnee feststecke, ein kleine Katze bei 40 Grad an die Brust gedrückt durch den Dschungel trage oder mir im Heißluftballon fast vor Angst in die Hose mache. Es passiert immer in Momenten, die auf den ersten Blick nicht ideal erscheinen, die bestimmt nicht glamourös sind oder besonders angenehm. Aber es sind auch immer die Momente, die am echtesten sind. Solche, an die ich mich auch Jahre später noch erinnere, wenn die Strandtage schon zu einer schwachen Erinnerung aus Weiß und Türkis verschwommen sind. Es sind gerade die schwierigen, verschwitzten, unangenehmen Momente, in denen ich mich am lebendigsten fühle und mein bestes Ich allen Widerständen zum Trotz hervorkommt.

Mit diesem besseren Ich ziehe ich dann durch die Welt. Mit offenen Augen und offenem Herzen. Das fühlt sich gut an, und ein Stückchen nehme ich davon mit, wenn ich nach Hause komme. Reisen macht mich weicher und zu einem besseren Menschen. Wäre es nicht schön, wenn das jedem so ginge? Würde das nicht irgendwann die ganze Welt zu einem besseren Ort machen? Darüber habe ich nie wirklich nachgedacht. Aber anscheinend zerbrechen sich schon weisere Menschen als ich eine ganze Weile den Kopf darüber.

Vor ein paar Jahren besuchte ich PURE, eine Reisemesse in Marrakech, die sich überwiegend mit Luxusreisen und *Experiential Travel* (Reisen, bei dem ein inneres oder äußeres Erlebnis im Vordergrund steht, was dich und dein Umfeld auch nachhaltig positiv beeinflusst) beschäftigt. Ich war da, um Kontakte zu knüpfen und so viele Macarons und Champagner in mich reinzustopfen, wie in drei Tagen nur möglich war.

Darüber hinaus hörte ich aber auch Vorträge von einigen inspirierenden Reisenden wie dem Schriftsteller Pico Iyer und dem Abenteurer David de Rothschild. Mit dem plänkelte ich dann abends über seine betrunkenen Cousins aus Frankreich, wie er die Weinerben seiner Familie nannte, und starrte ihm dabei halb verliebt in die Augen. Ich lernte auch einen türkischen Cowboy und eine Familie aus Bhutan kennen, sprach mit Menschen aus Mauritius, Montana, Madagaskar und der Arktis und ließ mir von einem Kamel am Knie knabbern. Hier war an einem Ort die ganze Welt in ihrer Vielfalt versammelt. Wir tranken und lachten und tauschten Geschichten aus, wer wir waren, woher wir kamen und was uns hier zusammengebracht hatte. Es war ein Abend, an dem unglaublich viele Menschen (und das Kamel natürlich!) einen bleibenden Eindruck bei mir hinterlassen haben. Ein Eindruck, der nichts mit David de Rotschilds grünen Augen zu tun hatte, sondern der mich daran erinnerte, wie wunderbar vielfältig die Welt ist und wie man bei all dieser Vielfalt auch immer Gemeinsamkeiten findet.

Eine Begegnung mit der Amerikanerin Lisa Lind-

blad beeindruckte mich dabei am meisten und fes-
tigte meine vorher noch ungeformte Meinung, dass
wir reisen *müssen*. Dass Reisen eben nicht nur ein
Privileg ist, sondern auch eine Voraussetzung, um zu
einem ausgereiften Menschen zu werden, und auch,
um die Welt zu verbessern. Besonders weil eben nur
ein kleiner Teil reisen kann, sollte es für die, die es
können, eine Pflicht sein. Nicht nur ein angenehmer,
anregender Zeitvertreib, sondern auch immer ein
Lernprozess. Ein Kennenlernen und ein Verstehen
von anderen Menschen und Kulturen. Wie Schulbil-
dung sollte Reisen eine Voraussetzung für alle sein,
ein pflichtmäßiges In-die-Welt-Ziehen.

Lisa hat Anthropologie und Tourismus studiert
und bezeichnet sich selbst als Reisedesignerin. Das
ist mehr als eine reguläre Reiseverkehrskauffrau, die
meistens nur vor Ort in einem Reisebüro sitzt, und
ein Begriff, den sie maßgeblich geprägt hat. Er ist ein
Synonym für individuelles, spezialisiertes Reisen geworden, bei dem es um mehr geht als darum, Urlaub
zu machen.

Lisa ist außerdem die Schwiegertochter von Lars-
Eric Lindblad, einem Forscher, der Tourismus in vielen noch unbekannten Orten etabliert hat. Er war
nicht nur für seine Expeditionen bekannt, sondern
auch für die fast schon spektakuläre Art, wie sein
Geschäft, Lindblad Travel, nach vielen erfolgreichen Jahren bankrottgegangen ist. Die Firma versank 1989 in Schulden, da Lars dem US-Handels-
embargo gegen Vietnam nicht gefolgt war und
dafür 75 000 Dollar Strafe zahlen musste. Er hatte

sich schlicht geweigert, Reisen nach Vietnam einzustellen. Eine Entscheidung, die er trotzdem nie bereute. «Reisen ist meiner Meinung nach kein normaler Handel. Reisen ist ein Kommunikationsmittel. Ein Reiseembargo, das ist wie Bücherverbrennung oder die Inhaftierung von Journalisten», sagte er in einem Interview mit der *New York Times*.

Diesem Motto folgt auch Lisa mit den Reisen, die sie selbst unternimmt und die sie heute an ihre Kunden verkauft. «Internationales Reisen hat die Möglichkeit, zum Weltfrieden beizutragen. Vielleicht ist die Idee vom Weltfrieden weit hergeholt, aber dass Reisen Leben verändern kann, bestimmt nicht. Ich finde, Reisen sollte eine Pflicht, kein Privileg sein.»

Selten hat mich etwas so beeindruckt wie diese Worte. Weltfrieden, das ist ein Wort, ein Konzept, das in unserer heutigen Welt zum Witz, einer Illusion, einer Standardantwort im Miss-Universum-Wettbewerb geworden ist. Fern jeder Realität ist es eine Idee, die mit schöner Regelmäßigkeit erst eine Bombe und dann den Wahlsieg einer rechten Partei reingewürgt bekommt. Diese Idee steht allein gegen Religionen, Macht und Geldgier. Kaum öffnet sich eine Grenze, schließt sich eine andere, und so ist es hart, dem Konzept vom Weltfrieden nicht mit einem zynischen Lachen gegenüberzustehen.

Ich bin keine Expertin in Sachen Weltfrieden. Ich habe weder Politik noch Wirtschaft studiert und bin oft ganz schön maulig und wenig friedfertig, besonders wenn ich Hunger habe. Ich habe nicht alle

Antworten, aber ich bin mir sicher, dass wir erst die Dinge im Kleinen anpacken müssen, um sie im Großen zu verändern. Wer die Welt verbessern will, fängt idealerweise bei sich an und lernt erst einmal, wie sie denn so aussieht, diese Welt. Wer Antworten will, muss zuhören können. Fremdes wird immer fremd bleiben, wenn man sich ihm nicht stellt, und Fremde können keine Freunde werden, wenn man sie aus einer überheblichen, vermeintlich sicheren Distanz betrachtet.

Alle Menschen verbindet mehr, als sie trennt. Doch das erkennt man nicht in seiner kleinen Ecke, sondern erst, wenn man reist. Der wunderbare französische Dichter Charles Baudelaire schrieb schon früh über die Wunder des Reisens in Marokko. Eins dieser Gedichte heißt «Astonishing Voyageurs», das er wie folgt beschreibt: *«Astonishing voyageurs* is an attempt to illustrate the visions, the postures, of those who came here in this wonderful country, trying to find the ultimate meaning of life. Our eyes see and meet others' eyes, of those who, behind the huge diversity of time and beings, like us, walked their faces in the wind, ate olives, slept under the shade of fig trees, put honey on their fingers, felt love, and died.»

Mit fortschreitender Technologisierung rückt die Welt näher zusammen. Gleichzeitig zeigt sie uns, wie unterschiedlich wir sind. Da lässt sich auf die Entfernung und durch einen Bildschirm getrennt oft schwer eine Brücke schlagen. Dafür muss man schon von der Couch runter und die Welt selbst erleben.

Dass alle Menschen mehr gemein haben, als man vielleicht denkt, fällt mir meistens bei Kindern auf. Kinder sind immer Kinder, egal, ob sie in einer Eliteschule im Hamburger Vorort oder vor einer Hütte in Lesotho spielen. Es gibt immer einen Klassenclown, ein schüchternes Mädchen mit Zöpfen und eine Prinzessin, die alle herumkommandiert. Die Prinzessin ist blond oder brünett, aber immer sehr hübsch, der Klassenclown hat das frechste Lachen, und die Zöpfchen werden überall auf der Welt von Hello Kitty- oder Frozen-Haargummis zusammengehalten. Die Dynamik von Kindern ist überall dieselbe, und das mag ich.

Auch nach vielen Jahren des Reisens gibt es zum Glück noch immer Länder, in denen ich mich verloren fühle. Vietnam war so ein Ort, China ein anderer. Schöne neue Welt? Von wegen, mir war alles fremd, und ich fand alles seltsam. Auf dem Nachhauseweg von meiner Massage lief ich über einen großen Platz, auf dem rege Aktivität herrschte. Großeltern trafen sich hier auf ein Schwätzchen, während die Enkel spielten. Die Kinder saßen entweder im Buggy oder auf Opas Schultern, einige spielten Fangen, andere versteckten sich hinter Omas Hosenbein. Mit allen entwickelte sich schnell ein Guck-guck-Spiel, wenn sie mich sahen. Ich war ein ungewohnter Anblick, eine aufregende Person mit weißer Haut und großer Nase. Das Spiel fing immer schüchtern an und endete mit einem verschwörerischen Grinsen. Kinder erinnern mich daran, dass wir alle Teil eines großen Ganzen sind. Dass wir im Inneren alle gleich sind und dass wir alle dasselbe vom Leben wollen. Glück, Zufriedenheit, Sicherheit, Freiheit und Liebe.

Ich reise aber nicht nur, um mich daran zu erinnern, was uns allen gemein ist, sondern auch, um Fremdes und Neues zu erleben. «Was der Bauer nicht kennt, frisst er nicht», lautet der Spruch, mit dem mich meine Mutter regelmäßig überredete, etwas zu essen, das ich nicht kannte. Damit war sie sehr erfolgreich, denn ich sah ihre Worte stets als Herausforderung. Ich probiere auch heute alles mindestens einmal. Das gilt auf dem Teller wie im Leben. Ich muss nicht alles mögen, ich muss noch nicht mal alles gutheißen – wer kann schon Durian* gutheißen? Aber ich probiere es. Ich glaube nicht an Religion, Durian oder Segwayfahren, aber ich glaube an das Recht, Religion, Durian und Segwayfahren frei wählen zu dürfen.

Vor ein paar Wochen beteiligte ich mich an einer Debatte von Reisebloggern, bei der es um die Frage ging, ob es ethisch vertretbar sei, in gewisse Länder zu reisen. Eine Bloggerin vertrat die Meinung, dass man unter gar keinen Umständen überall hinfah-

---

* Durian ist eine große südostasiatische Frucht mit cremiggelbem Fruchtfleisch und einer stacheligen Hülle. Sie ist nicht nur eine der größten Früchte, sondern auch eine der teuersten und wird daher auch als Königin der Früchte bezeichnet. Sie ist außerdem für ihren unglaublichen Gestank berühmt-berüchtigt. In vielen Hotels und öffentlichen Gebäuden in Südostasien wird ihr deshalb der Eintritt verwehrt, aber wahre Connoisseure lieben sie dafür.

ren dürfe. Länder, die Menschen- oder Frauenrechte verletzen oder im Tierschutz hintenanstehen, islamische Länder im Allgemeinen und Länder wie die Färöer-Inseln, wo auch heute noch Wale gegessen und demnach geschlachtet werden, zählte sie dazu. Die Debatte war interessant, aber überzeugt hat sie mich nicht. Jedem ist es natürlich selbst überlassen, wo er hinfahren möchte und sich wohl fühlt. Einige empfinden die Kleidervorschriften für Frauen etwa im Iran als inakzeptabel. Das kann ich persönlich nicht nachvollziehen, aber dennoch akzeptieren. Doch von persönlichen Präferenzen einmal abgesehen, glaube ich nicht, dass man die Welt verbessern kann, indem man ganze Nationen meidet. Ob wir als individuelle Reisende einen Embargo-Effekt erzeugen können, lautet die erste Frage. Und ob wir das sollten, die zweite. Embargos isolieren, aber bringen sie positive Veränderung? Ich glaube an Austausch. Daran, dass erst ein Blick hinter die Mauern Mauern sprengen kann. Ich glaube nicht, dass Menschen, die in einer Blase geprägt durch Religion, Tradition und Politik leben, sich ohne Einflüsse von außen ändern werden. Versteh mich nicht falsch, ich rede hier nicht von göttlichen Missionaren aus dem Westen, sondern von einer Vermengung von Ideen. Vielleicht auch von einer positiven Verwässerung, die in beide Richtungen funktioniert, wenn man sich mit etwas Neuem auseinandersetzt.

Wenn man mir Empathie absprechen möchte, weil ich in den Iran und nach Ägypten reisen will und am liebsten auch noch nach Afghanistan, muss ich damit leben. Ich weiß aber, dass jede Reise meine Empathie nur noch stärkt. Reisen bildet nicht nur, es verändert. Jeder Schritt, den ich tue, macht mich ein bisschen offener, ein bisschen verständnisvoller, ein bisschen einsichtiger. Jeder Fremde, mit dem ich rede, wird mir ein bisschen weniger fremd; und ich denke, dass dieser Prozess nicht einseitig ist.

Anfang letzten Jahres war ich mal wieder in Marrakech. Hier saß ich eines Abends mit meiner Freundin Amanda, einer muslimischen Reisebloggerin aus Amerika, die mit dem Marokkaner Youssef verheiratet ist, und einem weiteren Paar zusammen, beide ebenfalls Reiseblogger aus den Staaten. Wir aßen und sprachen, wie das unter Reisebloggern nun mal so ist, übers Reisen. Was hatten wir dieses Jahr gesehen und wo ging es noch hin? «Ich fahre nach China!», erzählte ich aufgeregt und auch ein bisschen stolz. «Ach, da würde ich ja nicht hinwollen», sagte die Frau des Paars angewidert. «Die Chinesen sind so eklig.» Ich schluckte erst mal. «Warst du denn schon mal da?», fragte ich mit leiser Stimme. «Oh Gott, nein, da würde ich im Leben nicht hinwollen», verkündete sie, und damit war das Gespräch über meine anstehende Chinareise beendet.

Ich war geschockt. Über die Unhöflichkeit, mit der sie meine Reise kleingemacht hatte, vor allem aber über die Ignoranz, mit der sie abfällig 1,8 Milliarden Menschen über einen Kamm scherte. Dass sie selbst Reisebloggerin war, machte das Ganze noch schlimmer, sie hätte es doch besser wissen sollen.

Gesagt habe ich nichts. Im Nachhinein schäme ich mich dafür. Auch ich habe Länder, die mich aus den verschiedensten Gründen nicht interessieren. Aber eine ganze Nation aufgrund von Vorurteilen und Klischees eklig zu finden, ist zum Glück keiner davon.

Ich fuhr nach China mit der festen Absicht, China zu lieben und die Chinesen toll zu finden. Aus Trotz. Und so war es dann auch. Selten habe ich freundlichere Menschen kennengelernt, von der faszinierenden Kultur mal ganz abgesehen. Ja, dazu gehört auch, dass Chinesen spucken, wirklich gerne Hühnerfüße essen und die Kinder auch mal auf die Straße pinkeln lassen. Andere Länder, andere Sitten eben. Aber wie kann ich es mir anmaßen, meine Kultur für etwas Besseres zu halten, nur weil sie anders ist?

Dir ist selbst überlassen, wohin du reist, wann und warum. Das will und darf ich niemandem absprechen. Aber reise! Geh aus dem Haus und sprich mit deinem Nachbarn. Fahr in ein Land, von dem du noch nichts weißt, von dem du vielleicht nicht mal wusstest, dass es existiert. Geh an einen Ort, der dir ein wenig unbehaglich ist, über den du vielleicht Vorurteile hast, und dann lass dich überraschen. Vielleicht änderst du deine Meinung, vielleicht wird sie bestätigt, aber sieh für dich selbst. Und vor allen Dingen, sprich mit Fremden! So viel wie möglich, so gut, wie es eben geht, mit Händen und Füßen.

Wenn wir im wahrsten Sinne des Wortes ein bisschen mehr auf andere zugehen, dann ist Reisen genau das – noch kein Weltfriede, aber eine Veränderung in die richtige Richtung. Reisen darf kein Privileg bleiben, Reisen muss zur Pflicht werden, denn die Welt hat's gerade echt nötig.

Praktische Tipps

Nichts nervt mich mehr, als zu irgendetwas inspiriert zu werden, und dann bekomme ich keine praktischen Tipps, wie ich das Ganze in die Realität umsetzen kann. Wer will schon von einem tollen Schokoladenkuchen vorgeschwärmt bekommen, ohne zu erfahren, wo man ihn entweder kaufen kann oder wie man ihn selbst backt. Hier kommt dein Schokoladenkuchen.

Du hast die Frage nach einer Soloreise mit einem großen oder noch etwas zögerlichen Ja beantwortet, aber weißt nicht genau, wie es ab hier weitergeht? Jetzt fängt mein persönlich fast liebster Teil einer jeden Reise an: die Planung. Darum werde ich jetzt ganz praktisch: Wie plane ich eine Soloreise? Womit fange ich an, was kann ich beruhigt den Reisegöttern überlassen, was muss ich unbedingt beachten und warum kann man ohne Reisepass zwar nach Paris, aber nicht weiter nach New York fliegen?

Träumen

Was inspiriert dich? Was bringt dich zum Träumen? Wo willst du hin?

Viele lassen sich durch Filme und Bücher zum Reisen inspirieren. *Shantaram, Jenseits von Afrika* oder auch *Willkommen bei den Sch'tis* haben einiges für den Tourismus im jeweiligen Land getan. Auch bei mir ist das so. Ich habe eine Vietnam-Reise gebucht, nachdem ich *Indochine* gesehen habe, und als ich den neuen *Tarzan*-Film guckte, wollte ich unbedingt in den Kongo. Dann habe ich rausgefunden, dass die Luftaufnahmen in Gabun gedreht wurden, und darum steht das jetzt auf meiner Liste.

Essen – keine Überraschung – ist ein weiterer Beweggrund für mich. Ich habe keine *Bucket List* mit Ländern, die ich bis zu meinem Tod gesehen haben muss, aber eine Liste mit Gerichten, die ich noch essen will. Ich bin damit nicht allein. Es soll Menschen geben, die nach Vietnam fliegen, um in Saigon ein siebengängiges Schlangenmenü zu essen. Auch wenn ich keine Schlange in irgendeiner Form essen möchte, kann ich das prinzipiell verstehen.

Vor ein paar Jahren habe ich mir *The Travel Book: A Journey Through Every Country in the World* von Lonely Planet gekauft. Dort wird auf je einer Doppelseite jedes Land der Welt vorgestellt, mit Bildern, Highlights und Stichpunkten. Irgendwann fing ich an, gelbe Post-its an die Seiten der Länder zu kleben, wo ich schon war. Dann folgten pinke Post-its auf den Seiten der Länder, wo ich noch hinwollte. Inzwischen ist fast das ganze Buch voll mit Klebezetteln. Es ist mir die beste Inspiration – ich mag, wie es zeigt, dass man überall auf der Welt Schönheit finden kann.

Brauchst du mehr literarische Inspiration? Ich liebe die Autobiographie der Anthropologin Margaret Mead. Ironischerweise ist für viele auch Robinson Crusoe Reiseinspiration – ich hätte allerdings immer gerne die Möglichkeit, von einer einsamen Insel wieder runterzukommen. Mir sind moderne Klassiker lieber, wie *On the Road* von Jack Kerouac, *The Beach* von Alex Garland (das war nämlich schon ein Buch, bevor Leo daherkam!) oder *Eat, Pray, Love* von Elizabeth Gilbert. Diese Bücher haben nicht nur mich, sondern ganze Generationen geprägt und zum Reisen inspiriert.

Wovon träumst du? Das Schöne am Alleinreisen ist, dass du niemandem außer dir selbst diese Frage stellen musst. Du musst niemandem Rechenschaft ablegen und dich nicht erklären. Auf dem Jakobsweg zu wandern, jede Eisdiele in Florenz auszuprobieren oder den ganzen Tag in einer Hängematte im Dschungel von Costa Rica zu schaukeln – das sind alles super Ideen. Oder vielleicht doch etwas ganz anderes? Auch okay. Hier geht es um dich und deine Träume!

Aber jetzt kommt's – wo du hinfährst, ist eigentlich egal. Ich sehe dein überraschtes Gesicht. Wie jetzt, egal? Aber es geht doch beim Reisen gerade darum, eine Destination zu erkunden, Land, Leute und die Nationalgerichte kennenzulernen, oder? Ja und nein. Denn eigentlich geht es auch beim Reisen darum, sich zu bewegen. Der Weg ist das Ziel. Wohin du dich bewegst, ist erst mal zweitrangig, solange du dich nur bewegst. Besonders beim ersten Solotrip ist die Destination nicht so wichtig, wie du vielleicht meinst.

Traum finden und los, denn eins haben alle Länder gemeinsam, wenn du solo unterwegs bist: Du wirst Angst haben, wirst verloren gehen und dich allein fühlen. Aber du wirst auch lachen, Dinge erleben, von denen du nicht wusstest, dass es sie gibt, neue Freunde finden, viel über dich selbst lernen und letztendlich realisieren, dass die Schönheit des Reisens unabhängig davon ist, ob du allein oder in Gesellschaft bist, und unabhängig davon, wo du bist.

Aber wo soll ich denn hin? Irgendwie muss man sich ja entscheiden, und manchmal ist eben kein passender Traum in Sicht, außer dem, dass man raus will. Dann sollte man sich nach ganz praktischen Gründen richten: Geld, Zeit, hast du Flugangst, oder kannst du wie ich in Temperaturen unter 25 Grad nicht überleben? So was eben. Bei einer Facebook-Umfrage, welche Länder sich besonders für Solo-Neulinge eigenen, bekam ich kürzlich umfangreiche Antworten, die sich einfach zusammenfassen lassen: Am besten eignet sich die ganze Welt zum Alleinreisen. Mond oder Mars also erst, wenn man ein bisschen erfahrener ist.

Ganz im Ernst, von zehn verschiedenen Leuten bekam ich zehn verschiedene Antworten. Das wiederum zeigt, dass es wohl stimmt, dass die Wahl der Destination erstens gar nicht so wichtig und zweitens sehr individuell ist. Will man unter Leuten sein, seine Ruhe haben, Luxus oder Billigbier? Die Welt der endlosen Möglichkeiten steht dir offen.

Zwei Länder wurden dann aber doch auffällig oft genannt: Island und Thailand. Kaum ein anderes Land ist so sicher und überschaubar wie Island. Spätestens während der letzten Europameisterschaft konnte man sehen, dass die Isländer ein fröhliches und friedfertiges Volk sind und dass dort anscheinend jeder jeden kennt. Perfekt, um Kontakte zu knüpfen. Kaum Kriminalität bedeutet, dass man sich hier auch als Frau allein ohne Sorgen bewegen kann, und eine gute Infrastruktur hilft dir, die Highlights der Insel zu sehen. Wer selbst fährt, setzt sich einfach mit Navi in den Mietwagen und fährt los. Oder du erkundest die Naturwunder mit dem Bus auf kleinen organisierten Touren. Außerdem ist Island leicht zu erreichen und durch ein tolles Stop-over-Programm von Iceland Air auch ein super Zwischenstopp, zum Beispiel auf dem Weg nach New York. Und es ist natürlich auch traumhaft schön dort, ein Paradies für Naturliebhaber und solche, die es werden wollen.

Thailand ist synonym mit Backpacking und Soloreisen, und das war für mich erst mal Grund genug, dass ich da nicht hinwollte. Wie gesagt, *The Beach* war nicht so mein Ding. Aber als ich dann doch eher unfreiwillig auf dem Weg nach Kambodscha dort war, hat es mich gepackt. Thailand ist aus gutem Grund so beliebt. Es ist unglaublich schön und bietet etwas für jeden Geschmack: traumhafte Inseln und Strände mit dem wärmsten Wasser, Kultur und Tempel, Berge und Großstadtleben. Der Nachteil, dass das Land inzwischen touristisch etwas überlaufen ist, bietet gleichzeitig den Vorteil, dass man fast überall mit ein bisschen Englisch weiterkommt und es einfach ist, durchs Land zu reisen. Dazu kommen die ausgesuchte Freundlichkeit der Thailänder, natürlich das beste Essen der Welt *und* dass es ein überaus bezahlbares Paradies ist.

Auf Island und Thailand folgen dann Orte wie Bali, die Balkanländer, Kanada, Australien und

Neuseeland, Japan und Vietnam, Peru und Costa Rica auf der nicht enden wollende Liste von tollen Alleinreisezielen. Willst du das Alleinsein voll auskosten, empfehle ich Großstädte. Dort kann man viel erleben und dennoch herrlich in der Anonymität der Menschenmassen untergehen. Die meisten Länder in Lateinamerika und Südostasien eignen sich dagegen super, um Kontakte zu knüpfen, aufgrund ihrer etablierten Backpacker-Strukturen. Dort lernst du meistens schnell und einfach andere Leute kennen, die ebenfalls allein unterwegs sind, und das Reisen ist hier um einiges günstiger als in Europa. In puncto Sicherheit sind allerdings europäische Länder unschlagbar, genauso wie Kanada und Neuseeland. Fährst du gerne allein Auto? Wenn nein, suche dir lieber ein Land aus, das ein gutes Netz an öffentlichen Verkehrsmitteln hat, wie zum Beispiel Indonesien oder Australien. Wie du siehst, steht dir wirklich die ganze Welt offen.

Plan A wie Allein

«A journey is like marriage. The certain way to be wrong is to think you control it.»
JOHN STEINBECK

Ich liebe es zu planen. Reisen zu planen ist wie Adventszeit für mich – denn Vorfreude ist die schönste Freude. Damit übernehme ich mich aber auch manchmal und kann mich gut mit meiner Planungswut selbst nerven. Kontrolle abzugeben fällt mir auch unterwegs schwer, ich weiß eben gerne, wo die Reise hingeht. Andere sind da spontaner, die buchen in letzter Minute einen Flug und gucken, wie es weitergeht, wenn sie da sind. Beides ist okay, bei deiner ersten Soloreise rate ich dir einfach, es so zu handhaben, wie es sich für dich am besten anfühlt. Ob du nur die erste Nacht im Voraus buchst oder schon die ganze Reise, das sei ganz dir überlassen und hängt, wenn überhaupt, vom Reiseland und der Saison ab. In der Hauptsaison plant man besser vor, während man in der Nebensaison ein bisschen flexibler sein kann.

Normalerweise lege ich mir gern eine Route im Voraus zurecht, suche mir dann passende Hotels und checke, wie ich von A nach B komme. Mir macht das Spaß, und ich kann mit Stolz sagen, dass ich inzwischen zu einem Trüffelschwein für schöne Unterkünfte geworden bin. Manchen ist es egal, wo sie schlafen, Hauptsache der Preis und/oder die Lage stimmen, und das ist auch okay. Wenn du zu dieser Kategorie zählst, bietet es sich in vielen Ländern an, sich erst vor Ort umzugucken. Oft findet man auf diese Weise bessere Preise als online.

Bei meinem jetzigen Aufenthalt in Bali hatte ich nur eine vage Idee, was mich erwarten würde. Ich wusste nicht, in welcher Ecke ich mich niederlassen wollte, und so hatte ich auch nur für die ersten Tage gebucht, um mir dann vor Ort den schönsten Platz auszusuchen. Und das war gut so, denn so ich habe festgestellt, dass Ubud zwar nett, aber mir zu weit vom Meer entfernt ist. Und in meinem ersten Airbnb in Canggu an der Küste realisierte ich, dass man hier stark aufs Rollerfahren angewiesen ist. Das war nichts für mich, aber inzwischen hatte ich die richtigen Kontakte geknüpft, um für zwei Monate ein günstiges Zimmer am Strand zu ergattern. Umgeben von Cafés, die auch ohne Roller zu erreichen waren – perfekt!

Manchmal nützt alle Planung und alle Vorsicht nichts. Du kommst nachts in Ägypten an, und jemand hat aus Versehen deinen Koffer mit der kompletten Kameraausrüstung mitgenommen. Oder es regnet zwei Wochen lang, während du in einem Hotel mit dem schönsten Pool residierst. Oder du stehst am Flughafen in Istanbul und realisierst, dass dich dein Reisebüro betrogen und dir kein gültiges Rückflugticket ausgestellt hat. Oder, oder, oder … Reisen ist manchmal ungemütlich, und wer glaubt, dass alles nach Plan läuft, nur weil man einen Plan hat, der liegt falsch. Ich liebe es, wenn ein Plan funktioniert, genauso wie Hannibal vom A-Team, aber für den Fall, dass er es nicht tut, braucht man drei Dinge: eine gute Reiseversicherung, einen guten Anwalt und eine gute Portion Humor.

Abgehakt

Du weißt, wo es hingehen soll und wie du hinkommst? Hast deinen Flug oder Zug gebucht, ein Hotel für zumindest die erste Nacht gefunden? Super, dann nichts wie los! Oder? Moment! Hier findest du, was du sonst noch brauchst:

Pass oder Perso?

Im europäischen Ausland kommst du mit dem Perso-nalausweis weiter, im Rest der Welt nicht. Für fast alle Länder muss der Pass mindestens noch 6 Monate gültig sein und eine gewisse Anzahl an freien Seiten aufweisen. Wie viele das sind, erfährst du auf der Webseite der jeweiligen Botschaft. Wer viel reist, für den lohnt es sich, in einen Pass mit extra Seiten zu investieren.

Bevor es losgeht, mache ich eine Kopie von meinem Pass, die ich separat im Koffer aufhebe und mir selbst per E-Mail als Scan schicke. In einigen Ländern ist es Pflicht, den Pass immer dabeizuhaben, ansonsten liegt er unterwegs am besten im Hotelsafe.

Visum

Ob du ein Visum brauchst und wie du das bekommst, erfährst du beim Konsulat. In einem Großteil der Länder bekommt man als Deutscher sein Visum bei der Einreise oder per e-Visum. In einigen Fällen musst du entweder selbst zum Konsulat oder kannst deinen Pass, am besten per Kurier, einschicken. Für die meisten Visa, die man im Vorfeld beantragen will, muss man eine Flugbuchung und oft auch eine Hotelreservierung bzw. eine Einladung aus dem Reiseland vorlegen. Im Gegensatz zu meinem südafrikanischen Freund Larry habe ich noch nie ein Visum nicht bekommen. Aber dieser Vorfall hat mich gelehrt, dass, egal welchen Pass man hat, man gut beraten ist, sich so früh wie möglich um das Visum zu kümmern. Ein Flugticket garantiert noch kein Visum, und Fluggesellschaften ändern ihre Buchungsbedingungen nicht, wenn du verpasst, dich rechtzeitig beim Konsulat zu melden.

Glücklicherweise musst du dich mit einem deutschen Pass äußerst selten mit so etwas herumschlagen. Meistens erhält man ein begrenztes Touristenvisum bei der Einreise. Dabei ist eigentlich nur zu beachten, dass du ein gültiges Rückflugticket vorweisen musst und dass du die Kosten für das Visum in der Landeswährung dabeihast. US-Dollar werden eigentlich auch immer akzeptiert, aber auch hier kann das Konsulat vorher Auskunft geben.

Als ich in Sambia ankam und mit abgezählten Dollar am *Immigration*-Schalter stand, gab es dann doch ein Problem – die Dollar waren zu alt. Netterweise ließ mich der sambische Beamte trotzdem durch. Er behielt einfach meinen Pass, während ich in der Ankunftshalle Kwacha aus dem Geldautomaten zog. Ich glaube, das klappt nicht immer. Achte lieber darauf, ob es für ausländische Währungen besondere Anforderungen gibt. Es ist ziemlich weit verbreitet, dass Scheine ein gewisses Alter nicht überschreiten dürfen oder zumindest nagelneu aussehen müssen.

Geld

Keine Währung wird so geliebt wie der US-Dollar, und das nicht nur bei der Einreise. Oft ist es praktisch, welche dabeizuhaben. So kostet zum Beispiel in Kambodscha gefühlt alles «One Dollar, Miss!». Aber ich nehme nur extra Dollar mit, wenn ich weiß, dass sie als offizielles Zahlungsmittel akzeptiert werden oder ich als Ausländerin keine Landeswährung bekomme.

Meine Bank rät mir meistens davon ab, Währungen vorzubestellen, denn oft ist der Umrechnungskurs schlechter als im Land selbst. Auch von Reiseschecks wird heute überwiegend abgeraten. Die Gebühren sind nicht nur hoch, es ist oft auch extrem schwierig, diese einzutauschen.

Ich habe also entweder Euros zum Umtauschen dabei oder hebe mit einer Karte vor Ort Geld ab. Bei Kreditkarten achte ich darauf, dass meine Bank weiß, wo ich bin, damit diese nicht aus Versehen aus Sicherheitsgründen gesperrt wird. Am liebsten mag ich die Visa Card von der DKB, da dort die Gebühren am niedrigsten sind und die mich fünf Minuten nach meinem ersten und bisher einzigen Kreditkartenbetrug in Brasilien informiert hatten.

Wenn du im Land selbst Geld tauschen willst, dann vermeide am besten den Flughafen. Hier sind die Gebühren am höchsten. Denk auch daran, dass du meistens deinen Pass dabeihaben musst, um Geld zu tauschen.

Impfungen

Um Impfungen solltest du dich zeitgleich mit deinem Visum kümmern, denn oft haben sie eine Vorlaufzeit oder müssen in Etappen verabreicht werden. Wenn du dir unsicher bist, was du brauchst, helfen spezielle Impfzentren oder das Tropeninstitut weiter.

Vor meiner Reise nach Borneo habe ich mehr für Impfungen als für den Flug ausgegeben. Nicht nur, weil ich viele Auffrischungen brauchte, sondern auch, weil ich für den Fall einer Orang-Utan-Begegnung und um kleine Katzen streicheln zu können, eine Tollwut-Impfung wollte. Meine Versicherung wollte von den Kosten leider nicht viel übernehmen, denn anscheinend ist es meine Entscheidung, zu reisen, und nicht die meiner Versicherung. Das war natürlich ärgerlich, hat mich aber trotzdem nicht davon abgehalten, und jetzt bin ich für die nächsten Jahre erst mal versorgt.

Was für Impfungen du brauchst und dir geben lässt, liegt in deinem eigenen Ermessen. In einigen Ländern musst du allerdings bei Ein- und Ausreise eine Gelbfieberimpfung nachweisen, während alles andere meistens optional ist.

Die Vorsorge, die die meisten Diskussionen auslöst, ist Malaria. Die Tabletten sind ziemlich teuer und haben eine Reihe möglicher, nicht zu verachtender Nebenwirkungen. So hatte ich in Sambia die Wahl zwischen denen, die Albträume auslösen, anderen, die lichtempfindlich machen, und solchen, die fiese Magenkrämpfe verursachen. Das war das erste und letzte Mal, dass ich Tabletten genommen habe. Jetzt habe ich nur noch Prophylaxe im Gepäck und achte mehr als vorher darauf, genug Mückenschutz zu verwenden. Das ist in vielen Gegenden auch wichtig als Schutz vor Denguefieber und dem Zika-Virus, wogegen es leider noch keine Impfung gibt.

Reise- & Auslandskrankenversicherung

Eigentlich klar, dass jemand wie ich, der mehrere hundert Euro für Impfungen ausgibt, auch nicht bei der Versicherung spart. Verschwundenes Gepäck, Unfälle, gestohlene Kamera – es gibt genug, wogegen man sich versichern kann und sollte. Reiseversicherungen gibt es oft über die Fluggesellschaft oder den ADAC. Eine Auslandskrankenversicherung bieten die meisten Krankenversicherungen kostengünstig für ein Jahr an. Achte darauf, dass eine Versicherung für die USA und Kanada meistens extra kostet und dass die Versicherung vor Antritt der Reise abgeschlossen werden muss.

Wer bei seinen Reiseplänen und damit auch bei der Versicherung flexibel sein will, der wählt eine Versicherung wie World Nomads. Da kann man sich nämlich auch noch versichern, wenn man schon unterwegs ist, bezahlt allerdings nach Dauer und einzelnen Reiseländern.

Telefonieren im Ausland

Telefonieren im Ausland ist teuer, keine Frage. Um hohen Gebühren vorzubeugen, hole ich mir meistens eine lokale Prepaid-SIM-Karte mit Datenvolumen. Dabei muss man nur darauf achten, sich vorher vom Anbieter zu Hause das Telefon freischalten zu lassen, denn sonst akzeptiert es die SIM-Karte nicht.

So ausgestattet bin ich dann für die Zuhausegebliebenen zu erreichen und kann per WhatsApp und Facetime in Kontakt bleiben. Meine Mutter ist da die

große Ausnahme, denn sie hat weder Internet noch ein Handy. Für sie nutze ich Skype Calls, mit denen man für relativ wenig Geld auch auf dem Festnetz anrufen kann.

Führerschein

Wer im Ausland Auto fahren will, braucht einen Führerschein, klar. In vielen Ländern ist aber zusätzlich zum regulären EU-Führerschein ein internationaler notwendig. Dieser ist nur für drei Jahre gültig und muss dann erneuert werden. Bei den Autovermietungen gibt es entweder ein Mindestalter, oder man muss nachweisen können, dass man seinen Führerschein schon eine gewisse Anzahl von Jahren hat.

Packen wir's an

Meine Mutter erzählt heute noch gern die Geschichte, wie sehr ich mich schon, als ich noch klein war, aufs Reisen gefreut habe. Fremde Betten machten mir nichts aus. Das Packen, das war allerdings etwas anderes. Wochenlang fieberte ich voller Vorfreude auf eine anstehende Fahrt hin, nur um dann wie ein hypnotisiertes Kaninchen vor meinem Koffer zu sitzen. Ihre Worte, nicht meine. Aber es war wohl wirklich so, dass mir irgendwas am Packen zu schaffen machte. Die Endgültigkeit, dass es jetzt wirklich losging, oder die Angst, etwas Wichtiges zu vergessen. Ich weiß nicht genau, was es war, aber ich weiß, dass ich auf einmal tausend wichtigere Dinge zu tun hatte, als mich mit meinem Koffer zu beschäftigen.

Inzwischen habe ich das ganz gut gelernt. So gut, dass ich manchmal vor lauter Vorfreude schon eine Woche vorher eine Betthälfte mit allem Wichtigen in kleinen Stapeln vollpacke. Kleider rechts, Hosen links, und meine Tauchausrüstung darf ganz nah an meinem Kopf schlafen.

Als ich zum ersten Mal vom College in New York in den Semesterferien nach Hause fuhr, hatte ich einen großen Koffer Klamotten dabei und eine extra Reisetasche für Schuhe. Schuhe waren damals mein Ding. Auch wenn ich vielleicht nur zwei oder drei Paar trug, ich brauchte Auswahl und konnte unmöglich Paare allein zurücklassen. Und wen störte es, solange ich alles selbst tragen konnte? Denn das war die Regel, die mein Vater mir früh eingebläut hat: Jeder nimmt nur so viel mit, wie er selbst tragen kann. Auf Reisen mit vier Kindern musste es ja irgendwelche Limits geben. Daran habe ich mich meistens gehalten. Nur manchmal ist die Definition davon, was ich selbst tragen kann, auf den Weg vom Taxi zum Check-in-Counter beschränkt.

Was packe ich? Das kommt natürlich ganz auf die Länge und Art der Reise an. Für einige scheint die Frage Rucksack oder Koffer eine Grundsatzdiskussion wert zu sein. Was für ein Reisender bin ich oder will ich sein? Das eine schreit Abenteuer und Freiheit, das andere schwebt irgendwo zwischen Luxus und Tourist. Für mich ist das eine rein praktische Überlegung. Wenn ich zudem mit Tauchgepäck reise, nehme ich meinen Rucksack, denn ich kann nicht zwei Taschen ziehen. Es lässt sich leichter aus einem Koffer leben, und je nach Terrain können beide Vorteile haben, wenn man weite Strecken laufen muss. Ideal finde ich in vielen Fällen einen Rucksack, der auch Rollen hat. Wichtig ist, dass er richtig passt, darum würde ich vorschlagen, dass du bei einer Neuanschaffung den Rucksack selbst anprobierst.

Sowohl beim Rucksack als auch beim Koffer sollte man bedenken, dass in ein großes Gepäckstück zwar mehr reinpasst, du das Ganze aber auch tragen können musst. 23 Kilogramm, das Gewicht, das die meisten Fluggesellschaften heute pro Person zulassen, ist um einiges mehr, als ich gerne länger tragen will. Wenn meine Tasche über 17 Kilogramm wiegt, fange ich an zu stöhnen. Was mich zum nächsten Punkt bringt: Was packe ich, was brauche ich wirklich?

Die Pack-Experten raten: Leg alles zusammen, was du zu brauchen glaubst, und dann pack die Hälfte wieder weg. Ehrlich gesagt hat das für mich nie funktioniert, aber auch ich brauche meistens weniger, als ich denke. Wanderschuhe für einen Spaziergang im Park? Überflüssig! Fünf Bikinis für einen Städtetrip? Braucht kein Mensch. Yoga-Outfits für jeden Wochentag? Nur weil ich sie einpacke, heißt das noch lange nicht, dass ich auch jeden Tag Yoga mache.

Kofferpacken bedarf Ehrlichkeit und ein bisschen Erfahrung. Ich habe festgestellt, dass ich besser packe, wenn ich mich auf meine Lieblinge konzentriere. Outfits, die ich zu Hause nicht anziehe, bleiben auch auf Reisen meistens im Schrank. Wenn doch mal was fehlt, dann erinnere ich mich daran, dass man heutzutage eigentlich alles überall kaufen kann. In Südostasien fallen die Kleidergrößen zwar meistens kleiner aus als bei uns, aber auch hier findet sich im Notfall immer etwas. Und Pflegeprodukte jeglicher Art sowieso. Ich achte beim Einkaufen nur auf Weißmacher, die dort sehr viele Produkte beinhalten. Das asiatische Schönheitsideal mag weiße Haut, ich habe lieber etwas Farbe im Gesicht und verzichte auf solche Cremes.

Die einzigen Dinge, die ich immer von zu Hause in ausreichenden Mengen mitnehme, sind deshalb:

> Kontaktlinsen sowie Pflege für harte Kontaktlinsen, denn die sind in vielen Ländern extrem schwierig zu bekommen. Seitdem ich weiche Linsen benutze, habe ich damit zum Glück keine Pro-

bleme mehr, Pflegemittel gibt es in jedem Super-
markt auf der Welt.

> Verschreibungspflichtige Medikamente, die man
  regelmäßig braucht. Auch die Pille, denn die ist in
  anderen Ländern mal mehr, mal weniger einfach
  zu besorgen.
> Tampons, denn auch die gibt es nicht überall, oder
  sie kosten gerne ein kleines Vermögen.

Ansonsten bin ich nur meinem Deo und meiner Ra-
siermarke treu und nehme beides in ausreichenden
Mengen mit. Sachen wie Sonnenschutz und Moski-
tospray bekommt man je nach Jahreszeit meistens
günstiger im Reiseland.

Es gibt einige Firmen, die uns vorgaukeln wollen,
dass man spezielle Kleidung zum Reisen braucht.
Atmungsaktives Khaki, Hosen, die sich in Shorts
verwandeln, Fleece in Teletubby-Farben – die Liste
dieser Ungeheuer ist endlos. Alles leider erfolgrei-
ches Marketing. Kein Mensch braucht besondere
Klamotten auf Reisen. Warum sollte ich mich unterwegs in hässliche Farben und unförmige Dinge
quetschen? Reise ich damit besser? Wohl kaum, eher
das Gegenteil, denn nichts schreit mehr Tourist und
«Nimm mich aus!» als ein Hüftbeutel und oben auf-
geführte Kleidungsstücke. Außer für extreme Wet-
terbedingungen und besondere Aktivitäten braucht
man keine Thermounterwäsche oder Tarnfarben. Ich
trage je nach Wetter genau das, was ich auch zu Hause
trage: Converse und Skinny Jeans oder Birkenstocks
und Baumwollkleid.

Als ich letztes Jahr auf einem dreitägigen Wandertrip in Thailand war, hatte ich dafür extra meine Wanderstiefel eingepackt. Ich wollte gut vorbereitet sein und nahm dafür auch gerne in Kauf, dass ich den Rest des Monats die schweren Schuhe überallhin mitschleppen musste. Am Morgen des zweiten Tags stieß ich beim Abstieg mit meinem großen Zeh hart gegen den Schuh. Das Resultat? Ein blauer Zehennagel und die Erkenntnis, dass ich viel gemütlicher in Birkenstocks wandere. Und zwar so gut, dass die Wanderstiefel seitdem im Schrank und meine Zehen heil geblieben sind.

Nur Handgepäck – der heilige Gral

Nur mit Handgepäck zu reisen, das ist der heilige Gral des Packens. Wenn du das schaffst, hast du es im doppelten Wortsinn gepackt. Dann sparst du nicht nur Wartezeit beim Einchecken und am Gepäckband sowie extra Koffergebühren bei den Billigfluglinien, sondern kannst dir auch noch der uneingeschränkten Bewunderung aller anderen Reisenden sicher sein.

Ich hab das erst einmal versucht, als ich auf eine drei Tage lange Pressereise nach Dubai fuhr. Drei Tage und ein schönes Hotel mit schönem Shampoo – das schien mir möglich. Trotz Fotoausrüstung und Laptop, die bei mir immer schon das halbe Handgepäck füllen, passte alles in eine Tasche. Ich war stolz auf mich, flog durch die Passkontrolle in Dubai und fand kurze Zeit später meinen Fahrer. Es war 3 Uhr morgens, aber Dank meiner Weitsicht würde ich gleich in die Kissen sinken – oder so stellte ich mir das vor. Dann mussten wir auf einen anderen Journalisten aus Hamburg warten. Und der war sehr wohl der Meinung gewesen, dass man für drei Tage Gepäck aufgeben muss, und um das wiederzubekommen, dauerte es tatsächlich eine ganze Stunde.

Seitdem habe ich das mit dem «Nur Handgepäck» aufgegeben. Meine Tasche ist meistens schon zu voll mit Elektronik, denn die kommt natürlich nie in den Koffer; und die Zeit, die ich dann damit verbringe, «schlau» zu packen, steht in keinem Verhältnis zu der Zeit, die ich am Gepäckband verbringe.

Viele reisen gerne mit Handgepäck, um für den Fall vorzubeugen, dass das Gepäck verloren gehen sollte. Ganz ehrlich: Die Chancen dafür stehen ziemlich gering. In all meinen Reisejahren ist mein Koffer erst zweimal nicht mit mir angekommen. Das ist zwar ärgerlich, aber nicht das Ende der Welt, wenn man vorbereitet ist. Im Handgepäck habe ich alles Wichtige und eine «Notfallration»:

› Handtasche mit Pass, Geld, Kreditkarten und Handy.
› Laptop und Kamera mit allen wichtigen Akkus und Ladegeräten (und gegebenenfalls Adapter).
› Zahnbürste, Medikamente, die ich täglich brauche, Kontaktlinsenpflege und Brille. Je nach Länge des Fluges: Deo, kleine Gesichtsreinigung und Creme, Lippenpflege, Gesichtswasser, Augenmaske und Ohrenstöpsel.
› Flipflops und einen Satz extra Unterwäsche.

Damit bin ich erst mal versorgt, wenn was mit dem Gepäck schiefgehen sollte. Bei allen Pflegeprodukten achte ich darauf, dass die Behälter nicht mehr als 100 Milliliter fassen. Nur in ganz wenigen Ländern, Indonesien ist so eine seltsame Ausnahme, darf man im Handgepäck mehr mitnehmen. Dabei geht es auch nicht um die Flüssigkeitsmenge selbst, sondern um den Behälter. Das habe ich einmal schmerzhaft erfahren, als mir meine halb volle 150-Milliliter-Flasche mit marokkanischem Rosenwasser abgenommen wurde.

Pack alle Flüssigkeiten in einen durchsichtigen Gefrierbeutel oder Ähnliches, denn meistens müssen sie bei der Sicherheitskontrolle extra gezeigt werden. Dinge wie Nagelschere, auch kleine Taschenmesser, mehr als ein Feuerzeug und Behälter wie Pfefferspray dürfen nicht mit. Wenn du dir nicht sicher bist, dann frage am besten vorher bei der Fluggesellschaft oder dem Flughafen. Tatsache ist: Was nicht durch die Sicherheitskontrolle kommt, das siehst du nie wieder.

Wie groß das Handgepäck sein darf, hängt von der Fluggesellschaft ab. Meistens umfasst es aber eine 8-Kilogramm-Tasche und eine Hand- oder Laptoptasche. Wenn man sich die zig Tüten und Taschen anschaut, die manche mit in den Flieger nehmen, scheint diese Regel auslegungsfähig, aber verlassen würde ich mich darauf nicht.

Und los!

«If I'd learnt one thing from travelling, it was that the way to get things done was to go ahead and do them. Don't talk about going to Borneo. Book a ticket, get a visa, pack a bag, and it just happens.»
ALEX GARLAND, THE BEACH

Besonders die erste Soloreise ist aufregend, keine Frage. Aber Reisen ist keine Kunst, keine Zauberei, es ist einfach ein Sich-an-einen-anderen-Ort-Bewegen. Wie Alex Garland es ganz richtig beschreibt: Denk nicht zu viel nach, rede nicht zu viel darüber, buch einfach und los! Das Reisen passiert dann von ganz allein, wenn du unterwegs bist.

Damit du dir keine Sorgen machen musst, ob du etwas vergessen hast, hier meine Checkliste für die wichtigsten Dinge, bevor es losgeht.

To-do-Liste

› Druck dein Ticket aus, denn das Rückflugticket muss man manchmal bei der Einreise vorzeigen. Die Bordkarte solltest du entweder ausgedruckt oder auf dem Handy gespeichert haben. Bei den meisten Airlines kannst du 24 Stunden vorher online einchecken. Mach das unbedingt, denn die Schlange, um nur noch Gepäck aufzugeben, ist dann meistens um einiges kürzer, und du kannst auch schon deinen Wunschsitz reservieren. Bei ei-

nigen Fluglinien kostet das extra, bei den meisten Langstreckenflügen musst du nur für extra Beinfreiheit oder einen Platz am Notausgang mehr bezahlen. Das kann sich je nach Beinlänge und Flugzeit lohnen!

› Hab den Pass (mit gültigem Visum) dabei und eine Kopie vom Pass als E-Mail an dich selbst geschickt und ausgedruckt im Koffer.

› Genug Bargeld in der Landeswährung für Taxi oder Bus, eventuell Dollar fürs Visum und Kreditkarten. Gib deiner Bank Bescheid, wann du wo und wie lange sein wirst, damit sie dich sofort bei ungewöhnlichen Aktivitäten kontaktieren kann.

› Impfpass und Krankenversicherungsnachweis im Handgepäck.

› Eine Hotelreservierung für die erste Nacht und die Adresse schriftlich in Englisch und in der Landessprache. Außerdem weißt du, wie du vom Flughafen zur Unterkunft kommst. Genauso weißt du, wie du von zu Hause zum Flughafen oder Bahnhof kommst, und hast vielleicht sogar schon ein Taxi vorbestellt.

› Nützliche Apps am besten vorher herunterladen: XE Currency Exchange, Google Offline Maps, Google Translate, Uber.

› Deine Taschen sind gepackt und gewogen, und zwar, um Stress zu vermeiden, am Abend vorher.

› Wenn du früh rausmusst, stell dir den Wecker am besten lange vorm Zubettgehen. Ich werde bei frühen Flügen immer ziemlich nervös und schaffe es trotzdem mit schöner Regelmäßigkeit, zu vergessen meinen Wecker zu stellen. Zum Glück bin ich bisher immer dank meiner Nervosität, die mich jede Stunde aufwachen lässt, rechtzeitig aufgestanden, aber diesen extra Stress braucht man wirklich nicht.

› Stell einen zweiten Wecker.

Routen zum Nachreisen

Wir sind im letzten Kapitel, und du fühlst dich hoffentlich ausreichend inspiriert, um es mit dem Alleinreisen mal auszuprobieren. Jetzt hast du eigentlich alle Tipps und Tricks zur Hand, und es kann losgehen. Oder?

Vielleicht geht es dir jetzt auch, wie es mir oft geht, wenn ich mit einer Vielzahl an Informationen versorgt werde – viel zu viel, Hilfe! Manchmal schränkt uns nichts mehr ein als unbegrenzte Möglichkeiten. Um dir zu helfen, durch das Dickicht an Möglichkeiten hindurchzufinden, werde ich jetzt noch ein bisschen konkreter. Ich habe dir drei meiner liebsten Reiserouten zusammengestellt. Mit allen Details, Tipps und Infos, wie man von A nach B kommt und unterwegs auch noch C sieht. Zum Nachmachen, Ändern oder komplett Ignorieren und woanders Hinfahren – ganz wie du magst. Eine Stadt und zwei Länder, die ich schon ein paar Mal gesehen habe und die einen besonderen Platz in meinem Herzen haben. Trips, die ich immer wieder machen könnte und die ich auch so an Familie, Freunde und jetzt an dich weitergebe.

Zu diesen Reiserouten sei gesagt, dass ich kein Fan von Rumhetzen bin. Sicher könnte man in der gegebenen Zeit noch mehr machen. Mach mal! Aber ich habe in vielen Jahren festgestellt, dass mich der Jetlag oft besonders heftig trifft und ich daher immer extra Zeit zum Akklimatisieren brauche. Dazu

kommt, dass ich gerne einfach nur ziellos umher-
bummle oder rumsitze, mir die Leute anschaue,
mein Buch lese und auch gerne ein Mittagsschläf-
chen einschiebe, wenn mir danach ist. Von Attraktion zu Attraktion zu rennen, weil man die Zeit doch
gewinnbringend nutzen muss, ist nicht meins, und
so habe ich diese Trips auch angelegt – mit viel Zeit
zum Nichtstun und Genießen.

5 Tage New York (oder ein ganzes Leben) – kein Reiseführer aber eine Ode an eine meiner liebsten Städte

«One belongs to New York, one belongs to it as much in five minutes as in five years.»
TOM WOLFE

Nach insgesamt sechs Jahren in New York kann ich
dem Zitat von Tom Wolfe nur voll und ganz zustimmen. Die Stadt war mir von Anfang an vertraut und
ist mir nach vielen Jahren noch genauso fremd.

New York ist energetisch, voller Menschen und
anonym zugleich – perfekt für einen Solotrip. Hier
fällst du nicht auf, denn die ganze Stadt wimmelt vor
Touristen, und das Wort Einheimische ist eigentlich
mit Anführungszeichen zu versehen, denn davon
gibt es nur noch wenige. Auch die, die es gibt, bilden
einen bunten Querschnitt durch die Weltbevölkerung. Wenn es eine Stadt gibt, die Multikulti richtig
gut repräsentiert, dann New York.

Hier fällst du nur auf, wenn du dich dem New Yorker Schritt nicht anpasst und rumbummelst, denn der ist auch beim Shopping in Soho ziemlich zackig. Ich kriege auch heute noch, Jahre später, oft zu hören, dass ich viel zu schnell «bummle».

New York fühlt sich für mich nach wie vor wie ein Zuhause an, wie ich letzten Sommer feststellen konnte. Auch wenn sich das Gesicht der Stadt ständig ändert, bleiben einige Dinge doch zum Glück immer gleich. Der Puls der Stadt ist unverändert schnell.

Ich liebe New York im August, wenn die Stadt leer ist und alle vor der Hitze in den Urlaub oder aufs Land flüchten. Aber zugegebenermaßen ist es dann heiß und schwül, und eigentlich mag das keiner außer mir. Dagegen finde ich Weihnachtsshopping doof. Auch wenn die Stadt voller glitzernder Lichter ist, sind die Geschäfte überfüllt und die Restaurants mit Weihnachtsfeiern ausgebucht. Und auch wenn ein verschneites New York theoretisch romantisch klingt, legt der Schnee meistens die Stadt lahm, und unebene Gehwege haben bei mir schon oft zu nassen Füßen geführt. Dazu kommen eisige Winde, die durch die Straßenschluchten fegen, und viele Attraktionen wie das Empire State Building, Central Park und die High Line machen in der Kälte einfach keinen Spaß.

Ich würde auch die New Yorker Fashion Week im September meiden, denn auch wenn man den Modezirkus mag, sind dann weder Zimmer im Hotel noch Tische im Restaurant zu bekommen. Ideal für alle sind der Rest des Herbsts oder der Frühsommer, um New York zu erkunden.

Wie lange ist der perfekte Städtetrip nach New York? Eine Reise in die Stadt der unbegrenzten Möglichkeiten ist leider oft durch eins begrenzt: Geld. New York ist teuer, und auch mit Sparoptionen, gibt man in einer Woche einiges aus.

Dennoch würde ich nicht kürzer als für fünf Tage fliegen, denn auch mit einem Direktflug ist der Weg nach New York lang, und die Zeitverschiebung kann einen hart treffen. Länger als zehn Tage würde ich nicht bleiben, denn auch wenn einem in New York so schnell nicht langweilig wird, ist das Großstadtleben doch ziemlich anstrengend.

Für New York habe ich dir keinen exakten Ablauf zusammengestellt, sondern vielmehr möchte ich dir ein paar meiner Favoriten vorstellen. Orte, an die ich immer gehe, Dinge, die ich gerne tue, und Sehenswürdigkeiten, die ich auch nach vielen Besuchen immer noch interessant finde. Und natürlich verrate ich dir, wo du dich in einer Woche um die Welt essen kannst. Bausteine sozusagen, aus denen du dir deine ideale New-York-Reise zusammenstellen kannst – je nach Interessen, Budget und Energielevel.

Schlafen in der Stadt, die nie schläft

Wer nach New York fährt, muss sich mit wenig begnügen oder tief ins Portemonnaie greifen. Hier sind selbst Hostels und Airbnbs teuer. Nachdem ich seit meiner ersten, nicht zu empfehlenden Hotelerfahrung immer eine Wohnung hatte, ist mir das erst beim letzten Besuch schmerzlich aufgefallen.

Webseiten wie Booking.com oder Agoda sind dein Freund, um gute Deals zu finden. Location ist alles, aber das heißt bei weitem nicht mehr Manhattan allein. Brooklyn und Queens sind auch eine Reise wert und ein guter Start, um eine bezahlbare Unterkunft zu finden. Achte einfach darauf, dass du eine gute U-Bahn-Anbindung hast, dann bist du im Nu in Manhattan. In Queens, der neuesten In-Gegend, erwarten dich das Boro und das Paper Factory Hotel. Long Island City, das Zuhause der beiden Hotels, ist hip und gut angebunden, von hier aus bist du in 20 Minuten in Manhattan. Die Hotels sind modern und zeigen dir das Beste von der Nachbarschaft – Queens-Style eben.

Kaum ein Hotel war wohl so berühmt-berüchtigt wie das Chelsea Hotel. Jack Kerouac schrieb sein Meisterwerk *On the Road* hier, Simone de Beauvoir, Jean-Paul Sartre und Mark Twain waren zu Gast, Madonna fotografierte ihr Buch *Sex* in Zimmer 822, und einige berühmte Gäste mochten das Chelsea so gerne, dass sie lieber dort gestorben sind als auszuziehen. Das Hotel schloss 2011 für Renovierungsarbeiten. Aber wenn du auf deinem Solotrip eine echte New Yorker Institution erleben möchtest, dann gibt es gute Neuigkeiten: Das Chelsea Hotel öffnet 2018 wieder die Türen für den regulären Hotelbetrieb. Auch wenn es hier bestimmt spukt, würde ich es mir nicht entgehen lassen, umgeben von den Geistern der Legenden zu schlafen – mehr New York geht nicht!

Auch wenn viele davon schwärmen, dass das wahre New Yorker Leben jetzt in den Stadtteilen außerhalb Manhattans stattfindet, schlägt mein Herz für Soho. Das ist das Downtown, das man aus den Filmen kennt: Feuertreppen, ausladende Lofts und schicke Boutiquen. Hier findest du das Broome NYC, ein kleines Boutique-Hotel, klar, auf der Broome Street. Chic, entspannt und cool, ist es die Quintessenz von Soho in einem Hotel. Großes Plus, wenn du dein Zimmer im ersten Stock hast: Du wirst morgens mit dem Geruch von frischgebackenen Croissants aus der Küche geweckt.

Was sehen & wohin gehen?

«There is something in the New York air that makes sleep useless.»
SIMONE DE BEAUVOIR

New York ist bei weitem nicht nur Glas und Stahl. New York ist lebendig, und zu Fuß erschließt sich dir die Stadt erst richtig und liegt dir dann am Ende des Tages zu deinen geschwollenen Füßen – New York muss man sich erlaufen. Und das Gute ist, dass du dich mit einem rudimentären Sinn für Himmelsrichtungen außer im West Village eigentlich nirgendwo verlaufen kannst.

Für lange Strecken gibt es die gleichermaßen berühmten wie berüchtigten Taxis und die U-Bahn. Licht leuchtet – Taxi ist frei, Licht ist aus – Taxi ist besetzt, Seitenlichter an – Taxi ist wahrscheinlich auf dem Nachhauseweg, aber wenn dein Ziel auf dem Weg liegt, kannst du Glück haben. Die Fahrt wird nach Taxameter abgerechnet, und inzwischen kannst du in allen Taxis auch mit Kreditkarte bezahlen.

Zahlreiche Taxi-Apps haben den Konkurrenzkampf verschärft, sodass du jetzt auch die klassischen *Yellow Cabs* per App bestellen kannst. Sonst winkst du dir ein Taxi vom Straßenrand. Aber pass auf, dass du keinem das Taxi klaust, indem du ihm entgegenläufst. Taxis zu klauen ist auch bei den vermeintlich so unfreundlichen New Yorkern verpönt.

Gerade zu Hauptverkehrszeiten ist es oft schwer, ein Taxi zu bekommen – dann eignet sich die New York Subway. Es gibt *Local*- und *Express*-Züge, die entweder bei allen oder nur bei ausgewählten Haltestellen anhalten. Check genau, wo du hinmusst, denn während dir ein *Express* viel Zeit sparen kann, wird er zum Umweg, wenn du zu einem *Local* Stop musst.

Tickets kaufst du entweder einzeln mit der Metrocard oder als Wochen- bzw. Monatsabo. Unabhängig von der Strecke kostet die Fahrt immer $ 2,75. Die Karte wird nicht im Zug kontrolliert, du brauchst sie nur, um durch die Drehkreuze auf die Plattform zu kommen, danach nicht mehr.

Es hält sich das hartnäckige Gerücht, dass man nicht in einen leeren Waggon einsteigen sollte. Denn: *If it is too good to be true, it probably is.* Die Chancen stehen angeblich gut, dass es eben einen triftigen Grund gibt, warum der Waggon leer ist. Warum diese Geschichte immer noch erzählt wird, kann ich nicht nachvollziehen. Ich habe in sechs Jahren täglichen U-Bahnfahrens nie einen einzigen leeren Waggon gesehen. Aber wenn ich dieser urbanen Legende noch mal begegnen sollte, dann setze ich mich auch rein. Den Furz, der einen ganzen New Yorker U-Bahn-Waggon leert, den will ich gerochen haben!

Jetzt hast du einen Überblick, wie du von A nach B kommst, aber was solltest du dir bei einem New-York-Besuch unbedingt ansehen und was auf keinen Fall verpassen?

Sightseeing

Ich finde, Klassiker wie das Empire State Building, das Guggenheim Museum und das Metropolitan Museum of Art, die Brooklyn Bridge und der Central Park gehören für New-York-Erstlinge unbedingt aufs Programm. Aber leider sind auch viele der New Yorker Sightseeing-Highlights nicht billig, weshalb du dir genau überlegen solltest, was dich wirklich interessiert. Immerhin ist das ja einer der Vorteile deines Solotrips! Wer keine Lust auf moderne Kunst hat, der geht vergeblich ins Guggenheim, und wer Höhenangst hat, der wird die Aussicht vom Empire State Building nicht genießen können.

Um zu sparen, check die Webseiten der Museen, denn in vielen musst du an bestimmten Tagen nur eine *suggested donation* bezahlen – das kann so viel oder so wenig sein, wie du dir leisten kannst.

Mein persönliches Lieblingsmuseum ist das Museum of Natural History. Hier kann man lernen, wie

der Kosmos entstanden ist, Dinosaurier-Eier anfassen und sich stilecht in einem *Yellow Cab* von T-Rex jagen lassen. Es ist ein richtiges Erlebnis-Museum, und das finden nicht nur Kinder toll.

Wem Kunst pur nicht genug ist, der guckt sich im Sommer im MoMA PS1 in Long Island City um. Dann gibt es in diesem Ableger des Museum of Modern Art am Wochenende die beliebten *Warm Ups*, auf denen Kunst mit Party verschmilzt. DJs und Musiker aus aller Welt legen auf, es gibt Craft Beer vom Fass, und du kannst den Nachmittag abwechselnd sowohl mit Tanzen als auch bei den Ausstellungen verbringen.

Ein etwas anderes Museum ist das relativ neue 9/11 Memorial Museum. Um ehrlich zu sein, ich war nicht drin, würde es aber trotzdem jedem ans Herz legen. Mir war es zu nah, zu emotional, denn ich war am 11. September in New York und habe alles miterlebt. Ich brauche kein Museum, um mich an den Tag zu erinnern, der nicht nur die Weltgeschichte, sondern auch das Stadtbild von New York nachhaltig geprägt hat.

Denkmäler, die an den Standorten derart schlimmer Ereignisse entstehen, finde ich zwar wichtig, aber sie sind mir persönlich oft zu gruselig. Die Killing Fields in Kambodscha kommen mir da in den Sinn. Der Besuch dort war beeindruckend, aber auch unheimlich schwierig – ich bin eigentlich die ganze Zeit mit Sonnenbrille rumgelaufen, weil mir andauernd die Tränen kamen. Man spürt dort überall noch den Horror und das Unglück, das dort geschehen ist.

Auch das 9/11 Memorial befindet sich genau da, wo die Twin Towers gestanden haben, aber es ist irgendwie anders. Mehr eine Reflexion des unbeugsamen New Yorker Spirit als nur eine traurige Erinnerung an diesen schlimmen Tag. Es ist schön und passend. Ein Ort, der zum stillen Gedenken, aber auch zum Nach-vorne-Schauen einlädt, sowohl für Angehörige der Verstorbenen als auch für Besucher.

Freizeit

Wie ich schon erwähnt habe, kann New York auch für erfahrene Großstädter schnell anstrengend werden. Die Stadt ist laut und hektisch, und das rund um die Uhr. Wer in New York Urlaub macht, braucht danach manchmal einen extra Urlaub.

Aber zum Glück gibt es auch in der schlaflosen Stadt Oasen zum Auftanken, zum Chillen mitten im urbanen Dschungel. Die grüne Lunge und große Liebe der New Yorker ist natürlich der Central Park. Dieser ist das charmant-schüchterne Wahrzeichen der Stadt: Er hat nichts zu beweisen, du musst keinen Eintritt zahlen, und er ist für alle da. Strawberry Fields Forever*, Spazieren, Joggen, Eisbären sehen

---

* Strawberry Fields ist eine Gedenkstelle im Central Park, die John Lennon gewidmet und nach seinem Lied «Strawberry Fields Forever» benannt ist. Du findest sie direkt am Eingang an der West 72nd Street gegenüber der Dakota Apartments, wo er viele Jahre lebte und 1980 ermordet wurde. Im Zentrum der Gedenkstelle liegt ein Mosaik, auf dem «Imagine» zu lesen ist.

oder im Boathouse Kaffee trinken – ein Park der unbegrenzten Möglichkeiten und ideal, um abzuschalten.

Wer außerhalb des Central Parks ein bisschen Grün tanken will, der geht auf die High Line. Die High Line ist ein Park, der auf alten Frachtschienen über den Straßen gebaut wurde und sich über 2,3 Kilometer erstreckt. Hier findest du Sonnenbänke, Brunnen, Blumenbeete und die besten Blicke auf den Hudson River. Dazu gibt es Essstände und verschiedene Events, Eislollis und das perfckte Gefühl, mitten im Geschehen zu sein und trotzdem über den Dingen zu stehen.

Wenn du dich entspannen und dabei deiner Kreditkarte ein Workout verschaffen willst, dann hast du in New York dein Mekka gefunden – nirgendwo kann man besser einkaufen als hier. Wer richtig Geld hat, geht auf die Fifth und Madison Avenue oder nach Soho. Hier reihen sich die großen Designer aneinander, und auch wer kein Prada tragender Teufel ist, kann sich hier zumindest beim «Windowshopping» inspirieren lassen.

Coole Boutiquen finden sich überwiegend *downtown* und in Brooklyn. Das East Village ist nach wie vor eine gute Adresse für Second-Hand-Läden, und der beste Designer-Discounter ist immer noch Century 21. Auch wenn ich persönlich lieber in kleinen Läden stöbere, darf für Shopping-Fans ein Besuch bei den drei berühmten Bs nicht fehlen: Bergdorf Goodman, Barneys und Bloomingdales sind selbst schon Sehenswürdigkeiten.

Um über den Jetlag hinwegzukommen oder für alle, die ganz eifrig sind, empfehle ich das Bikram Yoga LES. Das pinkfarbene Studio wurde schnell zu meinem zweiten Zuhause, und Lehrerin Tricia Donegan hat sogar schon Lady Gaga unterrichtet. Ideal, um zu schwitzen und zu entspannen. Danach kannst du dann mit einem Kokosnusswasser in der Hand durch die Lower East Side schlendern und dich wie ein echter New Yorker fühlen.

Sweets meet East – wo du am besten isst

Um Ratschläge zum Essengehen in New York geben zu können, muss man fix sein, da die Stadt so schnelllebig ist. Dachte ich zumindest. Doch beim letzten Besuch stellte ich fest, dass Klassiker, die schon immer voll waren, es jetzt auch noch sind. Ein gutes Zeichen! Ansonsten könntest du wahrscheinlich zehn verschiedene New York Guides lesen und in allen unterschiedliche Empfehlungen finden. Ich bemühe mich gar nicht erst um Objektivität, sondern erzähle dir einfach von meinen alten und ein paar neuen Lieblingen.

East

Rund um den St. Marks Place, wo ich während meines Studiums wohnte, gibt es auch jetzt noch leckere Restaurants. Ein tolles Steak Frites kriegst du zum Beispiel im Café Mogador, wo ich früher viele Sonntagmorgen beim Katerfrühstück verbracht habe. Neben meinem alten Haus befindet sich Crooked Tree, eine kleine Crêperie. An die erinnere ich mich immer gerne, denn hier ging ich gerne sonntags hin, wenn die Liquor Shops zu waren. Da durfte ich mir dann im To-go-Becher ein Glas Wein abholen, das ich dann vorsichtig nach oben in unser Wohnzimmer getragen habe.

Um die Ecke auf der East 7th Street liegt ein weiterer Liebling, der inzwischen stadtberühmt ist – Caracas. Hier werden venezolanische Arepas serviert. Arepas sehen ein bisschen aus wie englische Muffins, sind aber aus Maismehl und werden in der Pfanne gebacken, dann aufgeschnitten und gefüllt. Selbst meine venezolanische Freundin Marie schwört auf die Authentizität des Caracas, und die muss es ja wissen.

Nicht weit davon und noch zu neu, um als Klassiker zu zählen, aber definitiv den Hype wert ist die Momofuku-Kette des coolen Kochs David Chang. Von der Milk Bar bis zum Sterne-Restaurant ist in seinem kleinen Empire alles vertreten. Ich konnte mir mit Ach und Krach ein Mittagessen in der Momofuku Noodle Bar und der Ssäm Bar leisten, aber beide Male war es die 30 Dollar wert, die ich bezahlt habe. Besonders der Spicy Lychee Slushee ist eines der besten nichtalkoholischen Getränke, die ich je getrunken habe. Der Vorteil für Alleinreisende in beiden Restaurants ist der lange Tresen, der sich perfekt dafür eignet, Kontakte zu schließen oder ohne vermeintlich mitleidige Blicke zu essen.

Downtown

Auf dem Broadway in Soho findest du an der Ecke zur Prince Street das berühmte Dean & Deluca. Objektiv gesehen ist der Kaffee hier wahrscheinlich nicht besser als in jedem Starbucks, aber Dean & Deluca ist so schick, so durch und durch New York, so perfekt, um den Tag zu beginnen, dass ich es trotzdem lieber mag. Stell dich mit all den anderen feschen New Yorkern an, bestell einen *iced coffee* und einen Raspberry Scone und stell dich an einen der Fenstertresen. Das ist nämlich *die* Ecke – New York People Watching, wie man es aus den Filmen und Serien kennt, ist nirgendwo so gut wie hier!

Die Lebensmittel und Küchenaccessoires, die du hier ebenfalls kaufen kannst, sind sehr, sehr teuer und sehr hübsch anzuschauen. Perfekt für einen kleinen Bummel, wenn du deine Kreditkarte im Hotel gelassen hast.

Überhaupt, Kaffee. New York hat den *To-go*-Kaffee erfunden oder? Ich musste lachen, als ich neulich in einer Bäckerei in Hamburg stand und eine ältere Dame neben mir einen *Kaffee togo* bestellte. Irgendwie fand ich *togo* besser als *to go*. Ich mag es am liebsten ganz simpel. Schwarzer Filterkaffee vom Deli an einer der zahlreichen Straßenecken. Die Delis (kurz für Delikatessen) sind kleine Geschäfte, 24 Stunden geöffnet, die alles und nichts verkaufen. Manchmal mit kleiner Gemüseabteilung und frischen Sandwiches, auf jeden Fall mit Katzenfutter und Kondomen, Ben-&-Jerry's-Eiscreme und Bier, obskuren ostasiatischen Wundermitteln und, genau, Kaffee.

Und zwar ausschließlich *to go*. Man bekommt ihn in den inzwischen schon berühmten Pappbechern mit griechischen Schriftzeichen. Echten Connoisseuren darf man das Gebräu wahrscheinlich nicht als Kaffee verkaufen, ich dagegen liebe es. Mehr New York geht nicht.

Wer auf seine *«pumpkin spice latte shenanigans»*, wie es ein Freund von mir nannte, nicht verzichten will, der wird aber auch fündig. New York ist nämlich nicht nur voll von Starbucks, sondern auch von Hipster-Kaffeehäusern, die es gerne besser machen wollen. Bärtige Baristas sind im Preis inbegriffen.

Der perfekte Ort für Minztee befindet sich dagegen auch in Soho, an der Grenze zu Little Italy: das Cafe Gitane. Das war ein Tipp, den ich vor über 15 Jahren aus dem *Lonely Planet* hatte, und der Laden brummt heute noch. Marokkanisch angehauchte Küche mit tollen Salaten und Sandwiches, perfekt zum Frühstück oder Lunch. Mein liebstes Gericht, das auch nach zehn Jahren noch gleich gut schmeckt, ist das Baguette mit Huhn und Parmesan auf Chipotle Mayonnaise oder das Focaccia mit Mozzarella und Oliventapenade.

Von Little Italy zu meinem liebsten Italiener: die Bar Pitti. Das kleine, vollgestopfte Restaurant auf der Avenue of the Americas ist auch wieder so ein Klassiker und ein Italiener, wie er im Buche steht. Die Kellner heißen Angelo und nennen dich «Bella», es ist laut und der Parmesan wird frisch am Stück über die Pasta gerieben – aber natürlich nie, wenn du die mit Scampi bestellt hast.

Man kann nicht reservieren, die Schlange ist egal an welchem Wochentag und zu welcher Uhrzeit lang, und hier freut man sich als Alleinreisender. Wenn man nämlich Angelo und den anderen sagt, dass man doch nur schnell eine kleine Pasta und einen Vino haben möchte, dann schieben sie dir irgendwie einen kleinen Tisch zurecht. Hauswein, krustiges Landbrot mit Olivenöl und ohne Essig (die wissen nämlich, wie man es richtig macht) und dann die Rigatoni Pitti oder die Pasta mit Trüffeln. Dazu kommt noch, dass wenige Restaurants in New York mit einer so großzügigen Terrasse auf dem Bürgersteig aufwarten können. Wenn ich ein Restaurant wählen müsste, wo ich für den Rest meines Lebens essen soll, dann wäre es Bar Pitti.

Ich weiß nicht, ob das Restaurant gleich nebenan zuerst da war oder nicht, aber es bemüht sich sehr, sich von Bar Pittis Erfolg eine Scheibe abzuschneiden. Die Karte ist fast identisch, und leider bin auch ich schon drauf reingefallen, dort zu essen, wenn die Schlange dann doch zu lang war. Ein Fehler! Die Pasta ist mittelmäßig, die Preise sind teurer und die Kellner bei weitem nicht so charmant wie Angelo & Co.

Uptown

Als meine Mutter mich vor vielen Jahren besuchte, gingen wir zum Lunch ins Cipriani auf der Fifth Avenue, gleich gegenüber vom Central Park. Hier dinierten schicke Businessmänner, wir und ein einsamer Herr im schwarzen Anzug. Meine Mutter schielte vermehrt zu ihm rüber und verkündete schließlich, dass das bestimmt ein Bodyguard sei. Er säße da so ganz alleine und würde auffallend langsam seine Cola trinken. Es war wohl nicht so sehr die Tatsache, dass er alleine war, als dass er in einem schicken Restaurant einfach nur eine Cola trank. Mit dieser Erkenntnis machte sie sich auf, die Arbeitgeber des vermeintlichen Bodyguards zu finden. Schließlich blieb sie bei zwei unauffälligen Herren mittleren Alters in Poloshirts hängen. Die waren es! Wer es war, das wusste sie nicht, aber sie war sich sicher, dass sie berühmt genug sein müssten, um einen Bodyguard dabeizuhaben. Schließlich nahm sie all ihren Mut zusammen und fragte in gebrochenem Englisch unseren Busboy, wer das nun sei. Der erwies sich zu unserem Glück als weniger diskret, als es für so ein Restaurant normalerweise üblich ist, und lüftete das große Geheimnis: ein israelischer Minister und seine Begleitung, zu einer UN-Versammlung in der Stadt.

Als wir Cipriani zeitgleich verließen, stand dann auch schon eine große gesicherte Limousine vor der Tür sowie ein weiterer Bodyguard mit Knopf im Ohr – und meine Mutter fand es herrlich.

An das Essen erinnere ich mich nicht mehr, aber ich wage zu behaupten, dass es erst mit diesem Celebrity-Sighting seinen Preis wert war. Das Schöne an New York ist ja, dass jeder hier seine Idole auch mal im wahren Leben treffen kann. Egal, ob die nun aus dem Filmgeschäft, der Musikwelt oder der Politik kommen. Meistens ist das immer noch reine Glücksache, aber es gibt eben Orte wie Cipriani, wo man dem Glück ein bisschen auf die Sprünge helfen kann.

Ähnlich verhält es sich mit dem ikonischen Plaza Hotel. Wenige New Yorker Gebäude haben eine so bekannte und eindrucksvolle Fassade. Im Plaza zu schlafen, ist nicht günstig. Wer keine 800 Dollar pro Nacht ausgeben möchte und trotzdem mal Plaza-Luft schnuppern will, der geht in die Todd English Food Hall. Hier sieht es zwar aus wie in einem schicken Einkaufszentrum mit Stehtischen und Bartresen, aber die eignen sich super, wenn man allein unterwegs ist. Außerdem ist das Essen wirklich toll: Verschiedene Austernsorten, Makkaroni mit Hummer und natürlich New York Strip Steak lassen sich wunderbar mit einem klassischen Cosmopolitan herunterspülen.

Sweet

Zugegeben, ich bin kein großer Freund von Süßem. Ich mag keine Donuts, keine Pancakes zum Frühstück und schon gar keine Cupcakes von der Magnolia Bakery – ich hab noch nie enttäuschendere 300 Kalorien zu mir genommen.

Aber wenn du einen süßen Zahn hast, dann kommst du auch in New York auf deine Kosten. Jetzt schon ein Klassiker ist die Bäckerei von Dominique Ansel in Soho, der mit seiner Cronut Erfindung (eine Mischung aus Croissant und Donut) hohe Wellen in der Patisserie-Welt schlug. Um die probieren zu dürfen, musst du perfektes Timing besitzen und viel Geduld mitbringen. Die Schlangen vor seinem kleinen Laden sind immer noch lang und die Cronuts meistens bis 11 Uhr ausverkauft. Selbst wenn du Glück hast, darfst du nicht mehr als zwei pro Person kaufen. Ich hatte kein Glück und musste mich mit einem kleinen Käsekuchen zufrieden geben. New York ist das Zuhause des New York Cheesecake, sodass ich hohe Erwartungen an die 6-Dollar-Investition hatte. Diese wurden leider nicht erfüllt, sodass ich zum Trost zu Ladurée um die Ecke musste. Wenn du also eine Cronut-Legende essen willst, dann rate ich dir, dich hier schon zum Frühstück anzustellen.

Ein bisschen entspannter geht es bei Rice to Riches, einer Milchreisbar, zu. Müller kann sich von ihr eine große Scheibe abschneiden. Ich finde es unglaublich faszinierend, wie hier ein einfacher Milchreis, ein Kindergericht, zum Star eines ganzen Restaurants wurde. Genau wie in der Eisdiele suchst du dir hier Milchreis in einer von zahlreichen Geschmacksorten aus und nimmst ihn *to go* mit.

Ich mag am liebsten eine Packung mit gutem alten Ben-&-Jerry's Cookie Dough Eis vom Deli. Damit kann man sich in den Park setzten und genau das tun, was Mutter immer verboten hat: Ungebackenen Kuchenteig satt essen!

Wissenswertes

Deutsche brauchen für die USA kein Visum, aber einen gültigen Reisepass und eine elektronische Einreiseerlaubnis (ESTA), die man vorher online beantragen muss. Fliegen tut man von vielen deutschen Flughäfen am besten direkt. Vor Ort stehen drei Flughäfen zur Auswahl, Newark, John F. Kennedy und LaGuardia.

Adressen

> Boro, 38–28 27th St, Long Island City,
> *www.borohotel.com*
> Paper Factory Hotel, 37–06 36th St, Long Island City, *www.paperfactoryhotel.com*
> Chelsea Hotel, 222 West 23rd St
> The Broome, 431 Broome St,
> *www.thebroomenyc.com*
> Empire State Building, 350 Fifth Ave,
> *www.esbnyc.com*
> Guggenheim Museum, 1071 Fifth Ave,
> *www.guggenheim.org*
> Metropolitan Museum of Art, 1000 Fifth Ave,
> *www.metmuseum.org*
> American Museum of Natural History,
> Central Park West & 79th St, *www.amnh.org*
> MoMa PS1, 22–25 Jackson Ave, Long Island City,
> *http://momaps1.org*
> National September 11 Memorial & Museum,
> 180 Greenwich St, *www.911memorial.org*
> High Line, *www.thehighline.org*
> Bikram Yoga LES, 172 Allen St,
> *www.bikramyogales.com*
> Café Mogador, 101 Saint Marks Place,
> *www.cafemogador.com*

> Crocked Tree, 110 Saint Marks Place,
  www.thecrookedtreenyc.com
> Caracas, 91 East 7th St, *www.caracasarepabar.com*
> Momofuku Noodle Bar, 171 First Ave,
  https://noodlebar-ny.momofuku.com
> Ssäm Bar, 207 Second Ave,
  https://ssambar.momofuku.com
> Dean & Deluca, 560 Broadway,
  www.deandeluca.com
> Cafe Gitane, 242 Mott St, *www.cafegitanenyc.com*
> Bar Pitti, 268 Sixth Ave, *www.barpitty.com*
> Cipriani, 781 Fifth Ave, *www.cipriani.com*
> Todd English Food Hall, The Plaza, 1 West
  59th St, *www.theplazany.com/dining/the-todd-english-food-hall/*
> Dominique Ansel Bakery, 189 Spring St,
  http://dominiqueansel.com
> Ladurée, 398 W Broadway, *www.laduree.com*
> Rice to Riches, 37 Spring St, *www.ricetoriches.com*

10 Tage Thailand – Bangkok & Koh Tao

Hör nicht auf das Lied «One Night in Bangkok»! Eine Nacht ist einfach nicht genug, denn diese Stadt hat es in sich. Chaotisch, überwältigend und unglaublich mitreißend, aber auch chic, modern und eine perfekte Mischung aus Ost und West. Bangkok ist perfekt, um dich auf Südostasien einzustimmen.

Mein erster Besuch in Bangkok fing alles andere als toll an. Eigentlich wollte ich da auch gar nicht

hin. Es sollte nur als Sprungbrett für eine Reise durch Kambodscha und Vietnam dienen, denn die Stadt selbst und auch Thailand interessierten mich null. Nur um dem Jetlag vorzubeugen, hatte ich zwei Nächte extra gebucht, danach wollte ich so schnell wie möglich weiter.

Mit zehn Stunden Verspätung kam ich um 3 Uhr morgens in der fremden Stadt an. Zum ersten Mal in Asien, und da stand ich nun mutterseelenallein in einer dampfenden Menschenmasse am Flughafen und versuchte mich gegen gefühlte hundert Prozent Luftfeuchtigkeit und aufdringliche Fahrer durchzuschlagen. Am offiziellen Taxistand angekommen ging es weiter – wie sollte ich dem Taxifahrer, der genauso viel Englisch sprach wie ich Thai, erklären, wo ich hinwollte? Zum Glück war die Wegbeschreibung meines Hotels, The Asadang, in beiden Sprachen, und so zogen wir los gen leuchtende Stadt.

Auch wenn das Asadang super zentral im alten Kern Bangkoks liegt, ist es für einige Taxifahrer nicht ganz einfach zu finden. Meiner tat sich zum Glück nicht allzu schwer, und zu meiner großen Erleichterung waren auch die Lichter noch an und der Concierge noch wach, als wir vorfuhren. Mein Rucksack wurde mir abgenommen und mir stattdessen ein Glas eisgekühlter Zitronengrastee in die Hand gedrückt. Das Foyer war still und roch nach Jasmin. Ich fühlte mich sofort zu Hause, und das, obwohl es in keinem meiner Zuhause je nach Jasmin gerochen hat.

Mein Zimmer, Ratchabopit, war benannt nach dem benachbarten Tempel, den man vom Balkon aus sehen konnte. Eine kleine Wendeltreppe führte nach oben und machte es zum perfekten Prinzessinnenzimmer. Oben angekommen erwarteten mich mehr Jasminduft und eine gut gefüllte Minibar. Ich hätte schlafen sollen, aber auf einmal traf es mich – ich war in Asien! Noch dazu in Bangkok, und es war überhaupt nicht schrecklich, und das Bier in meiner Minibar war eiskalt! An Schlaf war nicht zu denken, und so saß ich mit meinem Bier auf dem Balkon und ließ mich lieber ein bisschen zur Einstimmung von den Mücken auffressen. Es war schwül und viel zu heiß für mitten in der Nacht, aber ich mochte es. Auch wenn ich noch nichts von Stadt und Land gesehen hatte, wusste ich bereits, dass eine Nacht nicht reichen würde.

Seit dieser Nacht bin ich einige Male in Thailand und jedes Mal auch in Bangkok gewesen. Keine andere asiatische Großstadt hat bisher so mein Herz erobert wie die Stadt der Engel oder Krung Thep Mahanakhon Amon Rattanakosin Mahinthara Ayuthaya Mahadilok Phop Noppharat Ratchathani Burirom Udomratchaniwet Mahasathan Amon Piman Awatan Sathit Sakkathattiya Witsanukam Prasit, wie der komplette Name von Bangkok lautet. In ein paar Wochen fliege ich wieder hin. Um in meinem Prinzessinnenzimmer zu schlafen, zum Frühstück Kokosbällchen zu essen und süßen Thai-Eistee zu trinken, während ich mir die Füße massieren lasse. Meine Version von Bangkok hat zum Glück reichlich wenig mit der von *The Beach* zu tun.

Nach Koh Tao bin ich mehr oder weniger aus Zufall gekommen. Nach einem gescheiterten Versuch, mit Phuket warmzuwerden, hat es mich an die Golfküste von Thailand verschlagen. Koh Tao ist die kleinste im Inseltrio mit Koh Samui, Koh Phangan (bekannt für die Fullmoon-Partys) und nach seiner Schildkrötenform benannt. Hier kommt man in erster Linie zum Tauchen hin. Aber auch normale Inselliebhaber und Sonnenanbeter erliegen schnell dem Charme der kleinen Schildkröte. Auch wenn die Anreise mit Flugzeug und Fähre erst mal kompliziert erscheint (ist sie nicht!), ist sie es wert, denn Koh Tao bietet die perfekte Mischung aus Unterhaltungsprogramm und Möglichkeiten zur stillen Einkehr für Solisten.

Spätestens dort habe ich mich bei Thailand entschuldigt. Klar hat das Land Probleme, und ein großes davon ist der immer einflussreicher werdende Tourismus. Sex, Drugs & Rock 'n Roll in guten wie in schlechten Zeiten. Aber es gibt nach wie vor auch stille Tempel, weiße, noch fast einsame Strände und warmes türkisfarbenes Wasser, unglaublich gutes Essen und scheinbar immer lächelnde Thailänder – das Land ist eben auch wirklich so schön, wie ihm nachgesagt wird!

Für Thailand- und Soloreise-Neulinge empfehle ich eine Reise, die das Beste von Stadt und Strand verbindet. Fast alle Fluggesellschaften fliegen nach Bangkok, von Deutschland zum Beispiel Emirates, Eurowings und Condor. Es gibt inzwischen auch einige, die direkt nach Phuket fliegen, aber ich bin überhaupt kein Fan dieser Insel. Ich empfehle stattdessen, für den perfekten Stadt- und Strandtrip von Bangkok mit einem Inlandsflug nach Koh Samui an die Golfküste zu fliegen und von da aus mit der Fähre nach Koh Tao zu fahren.

Tag 1 – Sawadee! Willkommen in Bangkok!

Durch den *Immigration*-Schalter, dann den Koffer holen und zum offiziellen Taxistand – hatte die Adresse und die Telefonnummer deines Hotels auf einem Zettel parat, und vor allen Dingen auch in Thai! Die Fahrt in die Innenstadt kostet nicht mehr als 600 Baht inklusive aller Autobahngebühren.

Als Hotel kann ich The Asadang nur empfehlen: Es ist klein, zentral im schönen alten Kern der Stadt gelegen und thailändisch charmant eingerichtet. Zum Frühstück hast du die Wahl zwischen westlichen Eiergerichten oder Bento-Dosen mit thailändischen Leckereien. Nachmittags gibt es hausgemachtes Kokosnusseis und Thai-Eistee. Auch wenn du darüber hinaus Hunger kriegst, bist du hier richtig – in den Straßen um das Asadang schlägt das wahre Herz Bangkoks, und hier findest du einige der besten Garküchen.

Von hier kannst du außerdem zu Fuß die berühmtesten Tempel und Attraktionen erreichen, und Chinatown liegt direkt nebenan. Ich würde vorschlagen, du fängst mit einem Besuch im Wat Pho an. Der liegende Buddha ist nicht nur unglaublich schön, der Tempel ist auch Zentrum der Thai-Massage. Perfekt nach dem langen Flug!

Tag 2 – Kulturprogramm

Die Chancen, dass du dank Jetlag früh wach sein wirst, stehen gut. Also auf zum Tempel der Morgenröte, dem Wat Arun. Um auf die andere Seite des Chao-Phraya-Flusses zu kommen, musst du einmal mit der Fähre übersetzen. Diese funktioniert hier übrigens wie ein öffentliches Verkehrsmittel, und die nächste Anlegestelle ist gleich hinter dem Grand Palace. Die Überfahrt kostet 5 Baht. Der Fahrkartenverkäufer kommt zu dir, während du schon auf der Fähre bist; es ist gut, Kleingeld dabeizuhaben.

Einmal auf den Tempel steigen und die Stadt von oben betrachten, und dann geht es auf dem selben Weg wieder zurück. Jetzt hast du die Wahl: Mehr Kulturprogramm – dann liegen der Grand Palace und der Emerald Buddha gleich vor deiner Nase –

oder du schlenderst zuerst zur Khao San Road. Auch die muss man mal gesehen haben. Außerdem ist das tagsüber der perfekte Ort für günstige Fruchtshakes, stundenlange Fußmassagen und um Elefantenpluderhosen und Selfiesticks zu kaufen. Die Mutigen gönnen sich dazu ein paar gegrillte Heuschrecken oder Skorpione!

Besorg dir unterwegs ein frühes Abendessen, denn heute ist Nachtprogramm angesagt. In Fußnähe des Asadangs liegt der Blumenmarkt, der erst in den Abendstunden so richtig zum Leben erwacht. Opferkränze aus Jasmin und Ringelblumen, Berge von Orchideen und Rosen haben hier ihr Zuhause und verstreuen ihren Duft in die Nacht. Auch wenn sich mit Blumensträußen schlecht reisen lässt, ist der Blumenmarkt ein authentisches Erlebnis und im Gegensatz zu den regulären Märkten auch für Vegetarier geeignet.

Wer jetzt noch Lust auf mehr hat, der setzt sich in ein Taxi und fährt zum lebua Hotel. Hier wurde unter anderem *Hangover II* gedreht, und auch wenn der Film die Sky Bar zu einem kleinen Touristenmekka gemacht hat, sind die Aussicht und die Cocktails es wert.

Tag 3 – Alt trifft Neu

Jetzt hast du die Chance, dich ins gegenwärtige Getümmel zu stürzen und zu sehen, warum Bangkok auch fürs Shopping so berühmt ist. Am und um das Siam Centre lautet die Devise modern, moderner, am modernsten. Denk beim Kleiderkaufen daran, dass asiatische Größen oft um einiges kleiner ausfallen!

Wer lieber noch ein bisschen Tempel gucken möchte, der fährt mit dem Minibus oder Taxi nach Ayutthaya, der alten Hauptstadt des gleichnamigen siamesischen Reichs. Der Geschichtspark ist Teil des UNESCO-Weltkulturerbe, und für Historik-Liebhaber ein echtes Highlight.

Wenn du abends zurückkommst, geh für eine letzte Mahlzeit ins Thip Samai. Hier gibt es die angeblich beste Pad Thai Thailands, das ist ein traditionelles Nudelgericht. Lass dich nicht von der langen Schlange abhalten und stell dich einfach am To-go-Schalter an. Das Interieur lässt sowieso zu wünschen übrig, und mir schmeckt die Pad Thai immer am besten auf meinem Balkon. Natürlich mit einem kalten Singha in der Hand.

Wer an einem Wochenende in Bangkok ist, der darf den Chatuchak-Markt nicht verpassen. Ein echtes Erlebnis, das Flohmarkt mit Garküche, Modedesign und Kunst mit allerlei Skurrilem verbindet. Wer sich fragt, wo man auf engstem Raum mit einem Kurzkopfgleitbeutler kuscheln und französischen Champagner kaufen kann, der ist hier richtig.

Tag 4 – Zwischenschritte

Jetzt geht es weiter, denn die Insel ruft. Aber erst mal ist wieder Flughafen angesagt. Achte darauf, dass viele Inlandsflüge vom Flughafen Don Muang abfliegen, nicht vom Suvarnabhumi, wo du wahr-

scheinlich angekommen bist. Für den Flug von Bangkok nach Samui schlage ich Air Asia oder Bangkok
Air vor, wobei Letztere den Vorteil hat, dass man auch
als Economy-Passagier Zugang zu der Flughafen-
lounge mit Snacks und WLAN hat.

Entweder kannst du im Voraus unter FerrySamui.
com oder direkt am Flughafen dein Ticket für die
Fähre kaufen. Außer in der Hochsaison ist das
eigentlich nie ein Problem. Es gibt drei Fähren pro
Tag, und Mitarbeiter bringen dich direkt vom Flughafen zum Pier. Hier tauschst du dann dein Ticket
noch mal ein und bekommst ein farblich passendes
Bändchen für dein Gepäck, da die Koh-Tao-Fähre
auch in Koh Phangan einen Stopp einlegt. Wenn
dir dieses System zu unsicher ist, dann such dir lieber einen Platz auf Deck oder am Ausgang, wo du
dein Gepäck im Auge behalten kannst. Der Rest wird
nämlich vorne am Bug verstaut und bei Ankunft
etwas wahllos am Pier aufgereiht.

Man kann übrigens auch eine Fähre von Bangkok
nach Koh Tao nehmen, ist damit allerdings mindestens zehn Stunden auf dem Wasser unterwegs. Aber
das Ganze ist natürlich billiger als die Flug- & -
Fähre-Kombination.

In Koh Tao fährt man entweder mit einem Gelän-
dewagen oder dem Moped durch die Gegend. Wenn
du nach Bangkok erst mal etwas Erholung brauchst,
dann empfehle ich das abseits gelegene Baan Talay
Resort. Das bietet kleine Hütten mit oder ohne Klimaanlage und tolle Blicke über die Ao-Leuk-Bucht. Hier
ist man so richtig schön ab vom Schuss, perfekt zum

Abschalten, denn auch das WLAN arbeitet hier in Inselzeit. Dafür gibt es einen kleinen Schnorchelstrand und ein Restaurant mit der besten Terrasse der Welt. Und es gibt ein tägliches Shuttle, das dich zur angeschlossenen Tauchschule und der Hauptstraße bringt.

Tag 5 bis 8 – Inselleben

Die Tage in Koh Tao sind vom Wasser geprägt: Tauchen, schnorcheln, schwimmen oder einfach nur faul an einem der malerischen Strände liegen, lautet das Programm. Wenn du es lieber etwas ruhiger magst, dann bleib bei der Tauchschule in der Chalok Bay. Hier findest du einen kleinen, fast einsamen Strand, der trotz Anschluss an ein paar Hotels unheimlich leer ist. Wer mehr Action will, der geht zum Saree Beach, wo sich Bars, Geschäfte und Cafés in einer kleinen Straße hinter dem Strand tummeln. Promenade würde ich es noch nicht nennen, aber hier findest du alles, was dein Urlauberherz begehrt.

Natürlich kommt auch hier das Massageangebot nicht zu kurz – mach es dir einfach für eine Thaimassage oder Fußakupunktur in einem der kleinen Strandpavillons gemütlich. Der einzige Unterschied zu Bangkok ist, dass man hier leider Inselpreise bezahlt. Aber dafür gibt es Wellenrauschen gratis dazu!

Wer aktiv werden möchte, bucht eine Schnorcheltour zu den umliegenden Inseln, macht einen Tauchkurs oder erkundet die Hügel von Koh Tao beim Wandern. Auf Koh Tao darf man aber auch einfach mal faul sein, denn zum Glück scheint die Zeit hier ein kleines bisschen stillzustehen.

Für so eine kleine Insel bietet Koh Tao ein überraschend großes kulinarisches Angebot, und es muss sich keiner mit Fish 'n' Chips begnügen, wie das so oft auf thailändischen Inseln der Fall ist. Das Essen im Baan Talay selbst ist okay, aber durchschnittlich. Lauf einfach den steilen Pfad zum dazugehörigen Blue Heaven Resort, und du findest neben Hipster-Deko und Meerblick fantastisches Thai-Essen und eine richtige Cocktailkarte.

Wer am Saree Beach ist, kehrt für Cocktails am besten im Gallery ein, wo es auch unglaublich leckere moderne Thai-Küche gibt. Gleich daneben und etwas rustikaler befindet sich 995 Duck, wo es, na klar, Ente gibt! Wer gerne Sushi mag, geht zu Asia Mood am Chalok-Bay-Strand und findet auf derselben Straße auch tolle Curryrestaurants und Garküchen.

Tag 9 – Alte Pracht in Bangkok

Nach so viel Entspannung kannst du dich jetzt mit Sand zwischen den Zehen wieder glücklich auf den Nachhauseweg machen. Ich würde die Reise mit einer Nacht in Bangkok abrunden. Und zwar nicht irgendwo, sondern im Mandarin Oriental. Bangkok weist eine hohe Dichte von erschwinglichen 5-Sterne-Hotels auf, und so rate ich: Gönn es dir! Hier findest du alte Pracht mit modernen Annehmlichkeiten verbunden und den perfekten Rückzugsort, um die letzten Tage beim Sonnenuntergang am Chao-Phraya-Fluss Revue passieren zu lassen. *One final night in Bangkok* eben!

Tag 10 – Und Tschüss!

Der Verkehr zum Flughafen tröstet dich hoffentlich über den Abschiedsschmerz hinweg. Und spätestens jetzt merkst du, dass das Alleinreisen selbst gar nicht weh tut. Die wichtigste Frage, die sich nun stellt und mit der du dich für die nächsten zehn Stunden im Flieger beschäftigen kannst, lautet: Wohin als Nächstes?

Wissenswertes

Deutsche Staatsangehörige dürfen sich zu touristischen Zwecken ohne Visum bis zu 30 Tage in Thailand aufhalten. Der Reisepass muss bei Einreise mindestens noch 6 Monate gültig sein. (Königlich Thailändische Botschaft, Stand September 2016).

Die thailändische Währung ist der Thai Baht. Ich habe meistens nicht viel Bargeld dabei, da die Gebühren in Deutschland höher sind. Ich nehme nur eine kleine Summe fürs Taxi mit und hebe dann am Geldautomaten ab. Sogenannte ATMs sind sowohl am Flughafen als auch in der Stadt leicht zu finden. Auf Koh Tao und anderen Inseln sowie in ländlicheren Gegenden gibt es zwar auch welche, aber man plant besser mit ein bisschen Bargeld vor.

Wie bei allen Reisen empfiehlt sich eine umfassende Reiseversicherung. Wenn du tauchen willst, musst du dich dafür extra versichern, weil das als besonderes Risiko eingestuft wird.

Adressen

Bangkok
> The Asadang, 94 Asadang Rd., Wang Buraphaphirom, *www.theasadang.com*
> Wat Arun, 158 Wang Doem Rd, Khwaeng Wat Arun, Khet Bangkok Yai, *www.watarun.net*
> Grand Palace, Na Phra Lan Rd, Phra Nakhon
> Emerald Buddha / Wat Phra Kaew, Phra Borom Maha Ratchawang, Phra Nakhon
> Blumenmarkt / Pak Khlong Market, 116 Chakphet Rd, Khwaeng Wang Burapha Phirom, Khet Phra Nakhon
> lebua Hotel Sky Bar, The Dome at lebua 64th floor, 42 Road, Bangrak, 1055 Silom Rd, Silom, *www.lebua.com/sky-bar*
> Thip Samai, 313 Maha Chai Rd, Khwaeng Samran Rat, Khet Phra Nakhon
> Chatuchak Markt, *www.chatuchakmarket.org*
> Mandarin Oriental, 48 Oriental Ave, Khwaeng Bang Rak, Khet Bang Rak, *www.mandarinoriental.com/bangkok*

Koh Tao
> Baan Talay, 37/1 Aow Leuk Bay, *www.baantalaykohtao.com*

> New Heaven Tauchschule, 48 Moo 3,
> *www.newheavendiveschool.com*
> Blue Heaven Resort, *http://blueheavenkohtao.com*
> The Gallery, 10/46 Moo 1, Haad Sairee,
> *www.thegallerykohtao.com*
> 995 Roasted Duck – ein paar Häuser neben dem
> Gallery, die Enten kann man nicht verpassen!
> Asia Mood – direkt gegenüber von der
> New Heaven Tauchschule.

8 Tage Marokko – Marrakech, Atlas-Gebirge & Essaouira

Ich hasse die Frage nach Lieblingsländern. Sie scheint so unfair den anderen Ländern gegenüber. Aber wenn ich mich entscheiden müsste, dann wäre Marokko garantiert immer mit auf der Liste und Marrakech eine meiner Lieblingsstädte. Das war nicht immer so. Auf meiner ersten Marokko-Reise mit Intrepid war Marrakech die letzte Station, und ich hasste die Stadt. Wir wohnten in einem Hotel außerhalb der Medina, der schönen, alten Innenstadt, was auch das Barbie-Hotel genannt wurde. Mein Himmelbett hatte Rüschen, und überall gab es zu viel Pink.

Auch in der Medina selbst gefiel es mir nicht besser. Die Massen an Schlangenbeschwörern, Akrobaten und Verkäufern machte mir regelrecht Angst. In allen Sprachen wurde ich angequatscht. Madame hier, Madame da, und Madame wollte eigentlich nur ihre Ruhe haben. Zudem war es geradezu unmög-

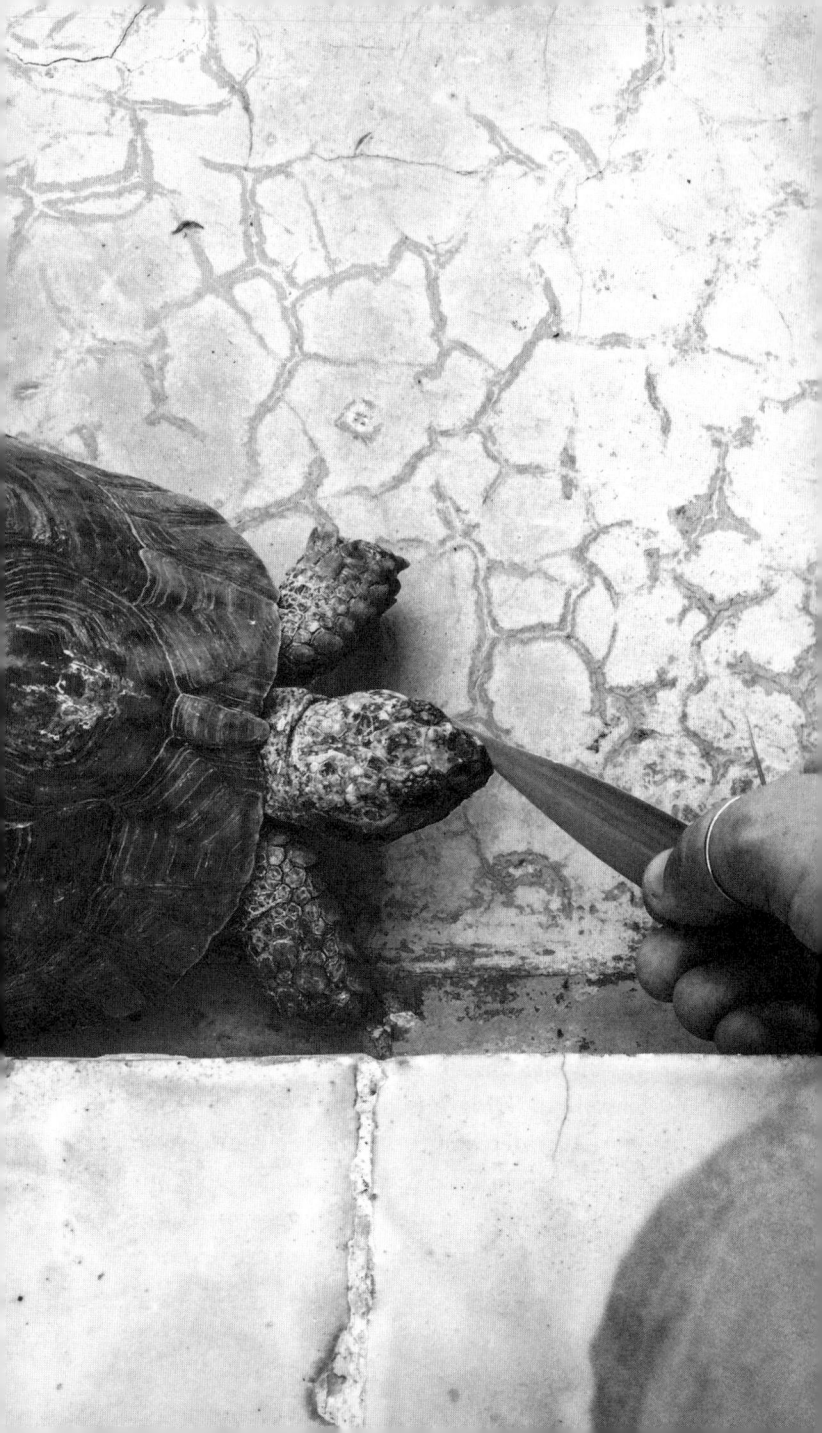

lich, im Gewusel der Basare nicht verloren zu gehen, und das machte mir am meisten Angst. Was, wenn ich nicht mehr rauskam? Da wusste ich noch nicht, dass in Marrakech alle Wege zum Jemaa El Fna, dem zentralen großen Platz der Medina führen und dass man zwar leicht verloren geht, aber nie lange verloren bleibt.

Nein, Marrakech und ich, das war keine Liebe auf den ersten Blick. Wenn überhaupt, war es Liebe auf den zweiten Hör-auf-zu-nerven-ich-probier-es-noch-mal-mit-dir-Blick. Der saß, und seitdem bin ich bestimmt einmal im Jahr da. Zum Glück ist Marokko von den meisten Flughäfen in Deutschland schnell und relativ günstig zu erreichen. Von Marrakech kommt man dann in die Wüste, die Berge oder nach Essaouira. Perfekt also, um einen runden Urlaub zusammenzustellen.

Tag 1 – Marhaba!

Als deutscher Tourist kannst du ohne Visum nach Marokko einreisen. Leider muss man trotzdem noch in der meistens sehr langen Schlange der Einwanderungsbehörde am Flughafen anstehen, und da heißt es Geduld mitbringen.

Vom Flughafen kommst du mit dem Bus oder Taxi in die Innenstadt. Theoretisch sind die Preise fürs Taxi festgelegt. Leider halten sich die Fahrer ungern daran, und du wirst hart verhandeln müssen, um auf dem Preis zu bestehen. Wem das zu mühsam ist, der lässt sich vom Riad oder Hotel abholen. Das hat den

Vorteil, dass du auch gleich von einem Kofferträger empfangen wirst, der dich durch die Gassen der Medina zu deiner Unterkunft bringt – Autos können da meistens nicht durch. So gehst du auch sicher nicht verloren, wenn du ankommst.

Riads sind traditionelle Häuser, die um einen offenen Innenhof gebaut sind. Heute sind viele zu kleinen Gästehäusern und Boutique-Hotels umgebaut und bieten die perfekte Kulisse für einen Marokko-Aufenthalt. Je nach Budget sind meine liebsten Riads in Marrakech Chambres d'Amis, Les Yeux Bleus und El Fenn. Alle drei sind super gelegen und nur einen kurzen Gehweg vom Jemaa El Fna entfernt. Was sie sonst noch gemeinsam haben, ist unglaublich schönes Interieur, Schildkröten zum Spielen und tolles Essen.

Nachdem du angekommen bist, ist erst mal das wichtigste marokkanische Ritual fällig: Minztee trinken. Frisch gestärkt kannst du dann deine ersten Schritte nach draußen wagen.

Wer den perfekten Einstieg in das Land und seine Gepflogenheiten haben möchte, der geht zu einem Crashkurs «Kech Download» ins Café Clock. Hier kannst du alle Fragen stellen, die du schon immer über das marokkanische Leben stellen wolltest, und bekommst von Experten die Antworten. Und wie schon in der Schule gilt die Devise: Es gibt keine dummen Fragen!

Mit deinem neuen Insiderwissen kannst du jetzt los und die Stadt erkunden. Alle Wege führen nach Rom, in Marrakech führen alle Wege zum Jemaa El

Fna. Der zentrale Platz in der Medina ist an die Basare, die Souks, angeschlossen, und auch wenn du verloren gehst, hier findest du immer wieder hin. Bekannt ist der Platz für seine Akrobaten, Gaukler und Geschichtenerzähler und abends für den Markt mit Essständen. Auch wenn man in Marokko besseres Essen findet, ist er auf jeden Fall einen Besuch wert, denn die Atmosphäre ist einmalig.

Denk dran, dass viele Menschen in Marokko mit Fotos ihr Geld verdienen. Das gilt sowohl für die Wasserverkäufer in alter Tracht als auch für den gruseligen Zahnarzt, der mit Zange und falschen Zähnen posiert. Wenn du ein Foto machen möchtest, verhandelst du am besten vorher den Preis – 10 bis 20 Dirham sind angebracht. Versuche, heimlich Fotos zu machen, schlagen eigentlich immer fehl – die Marokkaner haben da einen unglaublichen sechsten Sinn. Ich lasse entweder meine Kamera in der Tasche oder bezahle im Vorfeld, damit es keinen Ärger gibt.

Nur um die Schlangenbeschwörer und Affen mache ich einen besonders großen Bogen. Die Tiere werden oft unter schrecklichen Bedingungen gehalten: Affen werden betäubt oder aufgeputscht, Schlangen werden die Zähne gezogen oder der Mund zugenäht. Daran möchte ich nicht für ein Foto teilhaben.

Der Platz ist recht übersichtlich, wird aber gegen Abend ziemlich voll. Daher empfehle ich dir, dass du dir erst mal bei Tageslicht Orientierung verschaffst. Den Sonnenuntergang guckst du dir am besten von der Dachterrasse des berühmten Café de France oder eines der umliegenden Restaurants an. Auch wenn hier alkoholfreie Zone herrscht, ist der Ausblick über die Stadt und die Koutoubia-Moschee, begleitet vom Ruf zum Gebet, der aus allen Richtungen hallt, wunderschön.

Essen würde ich hier nicht, denn die Cafés sind dank der Aussicht, die sie bieten, meistens überteuert und nicht besonders gut. Das beste marokkanische Essen bekommst du in Privathäusern oder alternativ in den Riads. Die meisten Riads bieten auf Wunsch vorbestelltes Abendessen an, hier kannst du erfahren, wie Marokkanisch richtig schmeckt!

Ich höre den Lärm schon nicht mehr, aber wenn du einen leichten Schlaf hast, pack dir Ohrstöpsel ein. In der Medina bist du umgeben von Moscheen, und der erste Muezzin weckt dich sonst noch vor Sonnenaufgang.

Tag 2 & 3 – Marrakech Sightseeing

Die Geschichte Marokkos ist unglaublich faszinierend, und gerade in Marrakech gibt es viel zu entdecken. Der Bahia- und der El-Badi-Palast, die Grabanlage der Saadier und die alten Gerbereien dürfen bei keinem ersten Besuch fehlen.

Besonders sehenswert sind auch das Maison de La Photographie, die Douiria Mouassine, ein altes Haus, das mit original Handwerkstechniken aus dem 16. und 17. Jahrhundert wieder aufgebaut wurde.

Marrakech wird dank seiner Stadtmauern auch die Rote Stadt genannt. Wenn du genug Rot gesehen hast und ein bisschen Grün haben möchtest, schnapp dir ein Taxi zum Jardin Majorelle. Der Yves-Saint-Laurent-Garten ist eine kleine Oase aus Palmen, Kakteen und dem ikonischen Majorelle-Blau. Das Berber-Museum im Garten wurde von seinem Partner Pierre Berger kuratiert und ist eins der schönsten Museen der Stadt, wie ich finde.

Ein berühmt-berüchtigter Trick ist, arglosen Besuchern auf dem Weg zum Sightseeing zu sagen, die Sehenswürdigkeit XYZ sei leider heute geschlossen. Aber sie können dir stattdessen was anderes Tolles zeigen. Der Jardin Majorelle ist zum Beispiel nie geschlossen, sodass du das getrost ignorieren kannst. Auch sonst check erst mal deinen Reiseführer.

Eine grüne Alternative ist der Mamounia-Garten im weltberühmten Hotel La Mamounia. Das Hotel wurde nicht nur nach Prinz Mamoun, der für seine ausschweifenden Partys bekannt war, benannt, sondern war auch die Lieblingsunterkunft von Churchill und seinen Freunden während des Ersten Weltkriegs und danach immer wieder das Zuhause von verschiedenen Prominenten.

Während Zimmerpreise hier bei 550 Euro anfangen, darf man zum Glück kostenlos in die wunderschönen Gärten. Die sind nicht ohne Grund so berühmt und dienen auch oft als Open-Air-Galerie für wechselnde Skulpturenausstellungen.

Natürlich darf auch das Shopping in Marrakech nicht zu kurz kommen. Ehrlich gesagt habe ich während meiner ersten zwei Besuche gar nichts gekauft. Ich war komplett überfordert. Das lag nicht daran, dass hier von einem erwartet wird, die Preise zu verhandeln, oder daran, dass ich nicht wusste, ob ich etwas «Echtes» kaufte, aber ich mag gerne in Ruhe gucken. Das geht hier selten, denn man wird immer von Verkäufern belagert. Inzwischen habe ich mich daran gewöhnt, finde aber, dass es hilft, wenn man sich mit einer Einkaufsliste in die Souks begibt. Bummeln ist einfach schwierig.

Wem es ähnlich geht oder wer nicht gern verhandelt (wenn dich ein Marokkaner «Berber» nennt, ist das halb Kompliment, halb Beleidigung), dem sei das Ensemble Artisanal empfohlen. Das ist eine Art Einkaufszentrum, und hier gibt es alles, was es auch auf den Basaren gibt, aber zu festen Preisen.

Wer es lieber etwas moderner mag, der geht zu Chabi Chic oder 33 Rue Majorelle – das sind Concept Stores auf Marokkanisch, inklusive cooler Verkäufer, die dich gerne ignorieren.

In der Medina bist du am besten zu Fuß unterwegs – viele Gassen sind zu eng für reguläre Autos – oder mit dem Tuk-Tuk. Die Tuk-Tuks sind eine neue Fortbewegungsalternative und schaffen Jobs für Männer mit Gehbehinderungen. Den Rest der Stadt kannst du günstig mit dem Taxi oder noch billiger mit den öffentlichen Bussen erkunden. Versuch, beim Taxifahren auf der Benutzung des Taxameters zu bestehen, oder verhandle den Preis, bevor du einsteigst.

Tag 4 – Raus aus der Stadt

Marrakech ist oft eng und wuselig, darum hast du jetzt vielleicht Lust auf ein bisschen Luft. Dann ist

Abheben angesagt. Firmen wie Maroc Montgolfière bringen dich aus der Stadt und über die Wolken. Heißluftballon zu fahren mit Blick auf das Atlas-Gebirge, ist etwas ganz Besonderes und funktioniert auch gut für die, die eigentlich Höhenangst haben.

Nach einem Frühstück im Ort geht es weiter in die Berge. Der Toubkal ist der höchste Berg Nordafrikas und dein Ziel – eine Bergwelt wie bei Heidi, und das nicht mal zwei Stunden von Marrakech entfernt. Ob du selbst mit einem Mietwagen dorthin fahren willst, bleibt dir überlassen, aber ich wage zu behaupten, dass in Marokko eigene Straßenregeln herrschen, die ich mir auch als gute Autofahrerin nicht unbedingt zutraue. An deiner Stelle würde ich mich daher lieber abholen lassen und das Panorama genießen, denn es gibt einiges zu gucken. In der Gegend um das kleine Bergdorf Imlil ist es so pittoresk, dass hier unter anderem *Kundun* gedreht wurde, ein Scorsese-Film, für den nicht nur zahlreiche tibetische Nebendarsteller, sondern auch zwei Yaks importiert wurden.

Im Winter kann man hier sogar Ski fahren, und im Sommer ist natürlich Wandern angesagt. Ich mag die Kasbah du Toubkal, eine Eco-Lodge, die nicht nur komplett nachhaltig arbeitet und nur Personal aus der Gegend einstellt, sondern Luxus mit marokkanischer Gastfreundschaft perfekt vereint. Ein besonderes Highlight neben der Sicht und dem, was man nur als gesunde Bergluft bezeichnen kann, ist der eigene Hammam, wo du dich stilecht schrubben lassen kannst.

Abends kannst du nach einem Drei-Gänge-Menü

gemütlich auf der Dachterrasse sitzen und einen Sternenhimmel genießen, wie er sein soll. Weit weg von aller Lichtverschmutzung und in herrlicher Stille, die nur vom Ruf zum Gebet unterbrochen wird.

Tag 5 – Kamele & Kitesurfer

Wer gerne noch mehr Bergluft schnuppern möchte, bleibt einfach noch eine Nacht, denn es gibt genug zu entdecken. Ansonsten geht es jetzt zurück nach Marrakech und direkt an den Bahnhof. Den Busbahnhof. Für circa 8 Dollar fährst du mit dem Supratours-Bus nach Essaouira. Der Bus ist komfortabel und sicher und eignet sich hervorragend, um Einheimische kennenzulernen. Die Fahrt dauert etwa drei Stunden bis ins Paradies der Kamele und Kitesurfer.

Essaouira, bis zur Unabhängigkeit auch Mogador genannt, ist eine kleine Hafenstadt an der Atlantikküste mit faszinierender Geschichte. Die gesamte Medina ist UNESCO-Welterbe und dir vielleicht schon vom Bildschirm bekannt. Hier wurden nicht nur einige Filme gedreht, sondern auch ein großer Teil von *Game of Thrones*.

Auch im Sommer weht hier stets eine steife Brise, nach Marrakech eine wahre Wohltat, aber: Pullover mitnehmen!

Tag 6 & 7 – Essaouira

Die Altstadt in Essaouira ist überschaubar und im Gegensatz zu Marrakech oder Fez ziemlich symmetrisch angelegt. Verlaufen kann man sich hier eigentlich nicht, verloren gehen schon gar nicht.

Ich habe sowohl im Dar L'Oussia als auch im La Maison des Artistes schon gewohnt und mochte beide Riads gerne. Beim Frühstück auf der Dachterrasse fangen die Tage mit Meeresrauschen und schreienden Möwen an.

Die kleinen Straßen sind schnell erkundet, und wenn dir das Shopping in Marrakech zu anstrengend war, dann bist du hier richtig. Nirgendwo in Marokko gebe ich so viel Geld wie in Essaouira aus. Hier sind die Ladenbesitzer herrlich entspannt, und selbst das Handeln macht Spaß. Aber Vorsicht: Die Männer in blauen Gewändern und Turban erzählen zwar unterhaltsame Geschichten, die an Alibaba erinnern, aber glaub nicht, dass du hier Unikate bekämst. Mein «kostbares Einzelstück» habe ich bei einem Besuch ein Jahr später in mehreren anderen Läden gesehen.

Mittag essen kannst du am besten auf dem Fischmarkt, und zwar nicht am Hafen, sondern mitten in der Medina. Der Markt am Hafen ist eine Touristenfalle, wobei ich finde, dass das der Qualität und dem Spaß keinen Abbruch tut.

Frischer Fisch und Meeresfrüchte werden beim Händler bestellt, bezahlt und fachmännisch ausgenommen. Dann trägst du deinen Fund zu einem der zahlreichen kleinen Cafés, die um den Markt angesiedelt sind. Hier bestellst du deinen Kauf *«grillé / frit avec frites, salades et des olives»* (gegrillt / frittiert mit Pommes, Salat und Oliven). Gegessen wird an Biertischen und wo gerade ein Platz frei ist und natürlich mit den Händen, so, wie es sich gehört. Sardinen, Scampi, Tintenfische und ganz frischen Seeigel – hier musst du dir keine Sorgen um Qualität oder Frische machen, denn verkauft wird nur, was am selben Tag gefangen wurde.

Der Strand von Essaouira ist scheinbar endlos. Hier kannst du dich auch im Bikini sonnen, schwimmen gehen, aber vor allen Dingen Kitesurfen. Die steife Brise kommt einem dabei zugute.

Wenn du eigentlich Lust auf ein größeres Wüstenabenteuer hast, aber dir nicht ganz sicher bist, ob du dein Glück auch auf dem Rücken der Kamele findest, dann ist der Strand hier perfekt. Auf Kamelen schwebt es sich gemütlich durch die Sanddünen oder auch mal durch die Wellen, und man merkt schnell, warum Kamele auch Wüstenschiffe genannt werden.

Den Sonnenuntergang genießt du am besten von der Scala de la Kasbah. Die Stadtmauer mit ihren beeindruckenden Kanonen überschaut hier das Meer und ist Treffpunkt für Liebespaare, Familien und Touristen zur romantischsten Stunde des Tages.

Wer dazu ein paar Austern und ein Glas Weißwein schlürfen möchte, der geht ins Il Mare. Der Blick von der Dachterrasse ist unschlagbar. Das Essen ist allerdings durchschnittlich und richtig teuer, ich würde mich auf einen Cocktail zum Sonnenuntergang beschränken.

Die Optionen zum Essen in Essaouira sind ansonsten klein, aber fein. Ein Crêpe mit Amlou (ein Brotaufstrich aus Argannüssen, Honig und Mandeln) gehört auf jeden Fall dazu, und wenn du eine Pause von den üblichen Tagines und Couscous brauchst, dann ist One Up eine super Adresse. Modern, cool und trotzdem authentisch.

Tag 8 – Schönheitsgeheimnisse

Einen Besuch bei einer Produktionsstätte des berühmten Argan-Öls darfst du auf keinen Fall verpassen. Entweder buchst du von Essaouira aus ein Taxi, dass dich zu einer der überwiegend von Frauen geführten Kooperativen fährt, oder du nimmst dir einen privaten Transfer zurück nach Marrakech.

In diesen Kooperativen kannst du nicht nur sehen, wie Argan-Öl gewonnen und verarbeitet wird, sondern kannst auch zu fairen Preisen Produkte bester Qualität kaufen. Leider wird mit Argan-Öl viel Pfuscherei betrieben, und es wird oft mit Olivenöl gemischt. Aber Argannüsse sind rar, und gutes Öl wird immer relativ teuer sein.

Zurück in Marrakech, geht es jetzt noch mal in den Hammam. Wer sich nicht in einen öffentlichen traut und nicht nur geschrubbt, sondern auch verwöhnt werden möchte, der geht ins Spa des Royal Mansour. Im Hotel des Königs wirst du nämlich auch königlich behandelt, und das Spa ist ein besonderes Highlight. Filigraner weißer Marmor schmückt die Eingangshalle, und die hauseigenen Produkte riechen um einiges besser, als die *Savon Noir*, die schwarze Olivenseife, normalerweise riecht.

Fast ein wenig schade, so frisch geschrubbt im Anschluss wieder in die staubigen Gassen zu gehen, aber ein letzter Sonnenuntergang muss sein. Dafür ist die Dachterrasse des hippen Nomad super; die Küche ist lecker, und es ist zentral an der kleinen Place des Epices gelegen, circa zehn Minuten vom Jemaa el Fna, wenn du dich nicht verläufst. Aber inzwischen weißt du ja schon, wie schön Verlaufen in Marrakech sein kann, und der Sonnenuntergang ist Entschädigung genug!

Adressen

Marrakech
- › Chambres d'Amis, Derb Dabachi, Derb Moulay Abdelkader 46/47, *www.chambresdamis.com*
- › Riad Les Yeux Bleus, 7 Derb Elferran Bab Doukkala, *http://marrakech-boutique-riad.com*
- › El Fenn, Derb Moulay Abdullah Ben Hezzian, 2, *https://el-fenn.com*
- › Café Clock, Derb Chtouka, *http://cafeclock.com*
- › Café de France, *www.cafe-france-marrakech.com/mobile/*
- › Maison de La Photographie, Rue Ahl Fes, Medina, *www.maisondelaphotographie.ma*
- › Douiria Mouassine, Derb El Hammam, Rue Mouassine, *www.museedemouassine.com*
- › Jardin Majorelle, Rue Yves Saint Laurent, *www.jardinmajorelle.com*
- › La Mamounia, Avenue Prince Moulay Rachid, *www.mamounia.com*

- › Ensemble Artisanal, Avenue Mohammed V
- › Chabi Chic, *www.chabi-chic.com*
- › 33 Rue Majorelle, 33 Rue Yves Saint Laurent, *www.*33ruemajorelle.com
- › Royal Mansour, *www.royalmansour.com*
- › Nomad, *https://nomadmarrakech.com*
- › Kasbah du Toubkal, Gite Toubkal, Imlil, *http://kasbahtoubkal.com*

Essaouira
- › Dar L'Oussia, 04, Rue Mohamed Ben Messaoud, *www.riad-darloussia.com*
- › La Maison des Artistes, 19, Rue Laalouj, *www.lamaisondesartistes.com*
- › One Up, 1, Rue Laalouj